VERBUM
MEDIEN

MUTIGER BETEN

VON PAULUS BETEN LERNEN

ALISTAIR BEGG

Die Deutsche Nationalbibliothek verzeichnet diese Publikation in der Deutschen Nationalbibliographie; detaillierte bibliographische Daten sind im Internet über dnb.de abrufbar.

thegoodbook COMPANY

TRUTHFORLIFE

Bad Oeynhausen
verbum-medien.de
info@verbum-medien.de

Übersetzung
Marion Gebert

Lektorat
Anna Tissen

Buchgestaltung
Lucian Binder

Satz
Satz & Medien Wieser

Druck und Bindung
Finidr

1. Auflage 2024
Best.-Nr. 8652 127
ISBN 978-3-98665-127-5
E-Book 978-3-98665-128-2
Hörbuch 978-3-98665-156-5

Solltest du Fehler in diesem Buch entdecken, würden wir uns über einen kurzen Hinweis an *fehler@verbum-medien.de* freuen.

Im Gedenken an T. S. Mooney, der mich täglich an »den besten Ort« erinnerte.

INHALT

EINLEITUNG: ZU WEM BETEN WIR?

Ich möchte mutiger und besser beten. Und ich wünsche mir das auch für dich. Unsere Gebete verraten viel über uns selbst und unseren Glauben. Robert Murray M'Cheyne, ein schottischer Prediger des 19. Jahrhunderts, soll es einmal einprägsam so ausgedrückt haben:

> *»Was ein Mensch allein auf den Knien vor Gott ist, das ist er, und sonst nichts.«*

Unsere Gespräche mit anderen verraten, was uns gedanklich beschäftigt. Aber unser privates Gespräch mit Gott offenbart, was in unserem Herzen ist. Wenn man jemandem – oder sich selbst – beim Beten zuhört, bekommt man Einblick in sein innerstes Wesen.

Anders ausgedrückt: Wofür wir unser Geld ausgeben und womit wir unsere Zeit verbringen, verrät viel über unsere wirklichen Prioritäten und Überzeugungen. Das Gleiche gilt für unsere Gebete – ob wir beten, für wen wir beten, und was wir beten.

Wie steht es also mit dir, wenn du diese Einleitung liest und überlegst, ob du weiterlesen (oder das Buch überhaupt kaufen) willst? Wie mutig sind deine Gebete? Bittest du Gott um irgendetwas? Und wenn ja, bittest du ihn um Großes?

Viele von uns tun sich schwer mit dem Gebet. Es gibt eine Menge Bücher zu diesem Thema (und nun kann auch dieses Buch zu der langen Liste hinzugefügt werden), was daran liegt, dass das Beten den meisten von uns in den meisten Lebenslagen nicht leichtfällt. Und wenn wir beten, versuchen wir oft, einen Deal mit Gott auszuhandeln, oder kommen nur mit zaghaften Bitten vor ihn, weil wir nicht sicher sind, ob er sie überhaupt erfüllen wird. Oder wir bitten offen gesagt so egozentrisch, dass wir damit dem Schöpfer und Erlöser der Welt wenig Freude bereiten, wenn er uns zuhört, wie wir ihm unsere Wunschliste mit lauter weltlichen Anliegen vorlegen.

Ich möchte mutiger und besser beten. Und ich möchte, dass auch du so beten kannst.

Und deshalb müssen wir lernen, wie Paulus zu beten – und zu glauben wie Paulus. Wir müssen wissen, mit wem wir sprechen und was wir ihm sagen sollen.

MIT WEM SPRECHEN WIR?

Paulus wusste, zu wem er betete. Es gibt Menschen, die nur intellektuell, distanziert oder geschäftsmäßig-sachlich über Gott reden. Es ist jedoch zutiefst christlich, von Gott als Vater zu sprechen und ihn auch so anzureden. Paulus konnte von der Gnade und dem Frieden sprechen, die »von Gott, unserm Vater« kommen (Eph 1,2). Christen wissen, dass der Schöpfer aller Dinge nicht *ein* Vater ist – er ist *ihr* Vater. Das ist keine Metapher, sondern Realität. Der Apostel Johannes formuliert es so:

> *»Seht, welch eine Liebe hat uns der Vater erwiesen, dass wir Gottes Kinder heißen sollen – und wir sind es auch!« (1 Joh 3,1)*

Im Galaterbrief drückt Paulus dies wunderbar aus, wenn er sagt:

> *»Als aber die Zeit erfüllt war, sandte Gott seinen Sohn, geboren von einer Frau und unter das Gesetz getan, auf dass er die, die unter dem Gesetz waren, loskaufte, damit wir die Kindschaft empfingen. Weil ihr nun Kinder seid, hat Gott den Geist seines Sohnes gesandt in unsre Herzen, der da ruft: Abba, lieber Vater! So bist du nun nicht mehr Knecht, sondern Kind; wenn aber Kind, dann auch Erbe durch Gott.« (Gal 4,4–7)*

Gott sandte seinen Sohn, um uns zu seinen Söhnen zu machen. Er sandte seinen Geist, damit wir fähig werden, mit ihm in Beziehung zu treten und zu sprechen – als seine Kinder. Das ist großartig. Das Wort »Abba« lässt sich am besten mit »liebster Vater« übersetzen. Dieses Wort kam im Garten Gethsemane von den Lippen Jesu, als er im Moment allergrößter Angst zu seinem Vater schrie (vgl. Mk 14,36; Lk 22,41–44).

Durch den Tod und die Auferstehung seines Erlösers erkannte Paulus, dass Gott sein Vater ist. Er verstand und erfreute sich an der großen Wahrheit, dass wir uns als Christen im Gebet nicht nur an einen majestätischen Herrscher wenden (obwohl er das ist) oder an einen unparteiischen Richter (obwohl er auch das ist) – wir nähern uns unserem Vater im Himmel und sagen: »Liebster Vater, …«

Dieser Gott ist es, mit dem wir im Gebet sprechen. Es ist eine Wahrheit, die leicht zu verstehen, aber im Alltag ebenso leicht zu vergessen ist.

WAS SAGEN WIR IHM?

Mein Problem beim Beten ist nicht nur, dass ich vergesse, mit wem ich spreche, sondern auch, dass ich oft nicht weiß, was ich sagen soll. Was möchte mein Vater gern von mir hören? Wofür kann ich am besten für meine Familie, meine Gemeinde und mich selbst beten?

Es gehört zu den großen Privilegien bei der Lektüre von Paulus' Briefen – des Apostels, Evangelisten, Gemeindegründers und Theologen aus dem 1. Jahrhundert –, dass wir seine Gebete »hören« dürfen. Wir können einen Blick in sein innerstes Wesen werfen und sehen, was er auf dem Herzen hatte. Wir erfahren nicht, was ihn tagsüber auf den Beinen hält, sondern sehen ihn auf den Knien, wie er im Gebet zu Gott kommt.

In diesem Buch geht es nicht um die Lehre vom Gebet. Es enthält auch keine vollständige Theologie des Gebets. Es wird sich nicht einmal mit allen Gebeten des Paulus befassen. Vielmehr konzentrieren wir uns auf die Gebete des Paulus für seine Freunde in der Gemeinde in Ephesus, von denen er ihnen in Epheser 1,15–21 und 3,14–21 berichtet. Er schreibt aus dem Gefängnis, voller Freude und Selbstlosigkeit, ohne auf seine eigene Notlage einzugehen. Und indem er seinen Freunden erklärt, was er für sie betet, gibt er ihnen ein Beispiel dafür, wie sie – und wir – beten sollen. Die Wahrheiten, auf die sich seine Gebete gründen und diese prägen, sollen auch uns zum Beten motivieren und uns zeigen, wie wir mit Gott reden sollen.

Deshalb bete ich, dass dieses Buch dich zum Beten bringt. Es könnte hilfreich sein, jeweils ein Kapitel pro Woche zu lesen und den Rest der Woche damit zu verbringen, die göttlich inspirierte Weisheit des Paulus in deinen eigenen Gebeten in die Praxis umzusetzen. Oder du liest das Buch gemeinsam mit einem Freund und ihr vereinbart, auf die vom Apostel beschriebene Weise füreinander zu beten.

Wie auch immer du dich entscheidest und dieses Buch nutzt – bete dafür, dass du wie Paulus beten lernst, denn er war ein großer Beter. Er war zuversichtlich, hingegeben, demütig, mutig und mitfühlend. Er betete mit Freude und Leidenschaft. Er erwartete von seinem himmlischen Vater, dass er seine Worte hörte und im Leben anderer Menschen entsprechend handelte. Er sprach ein Gebet und »wachte in ihm mit Danksagung« (Kol 4,2) – in der zuversichtlichen Erwartung, von Gott erhört zu werden.

Paulus sprach mutige Gebete, weil er an große Dinge glaubte. Lasst uns von ihm lernen, wie wir das Gleiche tun können.

FRAGEN ZUR VERTIEFUNG

1

Wenn du ehrlich bist – wie schätzt du dein persönliches Gebetsleben ein? Bist du mit der Häufigkeit und Qualität deines Gebets zufrieden?

2

Was verraten deine privaten Gebete über dich selbst und deinen Glauben?

3

Welche großen Gebete hat Gott in deinem Leben erhört? Welche sind noch nicht beantwortet worden?

4

Was bedeutet es, Gott als deinen Vater zu kennen und zu ihm zu rufen? Lies dazu Galater 4,6–7. Wie könnte es deine Gebete verändern, wenn du Gott so sehen würdest wie Paulus?

5

Fehlen dir beim Beten oft die Worte? Wenn ja, woran liegt das? Was könnte sich ändern, wenn wir unsere Gebete mit Beispielen aus der Heiligen Schrift beleben?

EPHESER 1,16–21

»[Ich höre] nicht auf, zu danken für euch, und gedenke euer in meinem Gebet, dass der Gott unseres Herrn Jesus Christus, der Vater der Herrlichkeit, euch gebe den Geist der Weisheit und der Offenbarung, ihn zu erkennen. Und er gebe euch erleuchtete Augen des Herzens, damit ihr erkennt, zu welcher Hoffnung ihr von ihm berufen seid, wie reich die Herrlichkeit seines Erbes für die Heiligen ist und wie überschwänglich groß seine Kraft an uns ist, die wir glauben durch die Wirkung seiner mächtigen Stärke. Mit ihr hat er an Christus gewirkt, als er ihn von den Toten auferweckt hat und eingesetzt zu seiner Rechten im Himmel über alle Reiche, Gewalt, Macht, Herrschaft und jeden Namen, der angerufen wird, nicht allein in dieser Welt, sondern auch in der zukünftigen.«

EPHESER 3,14–21

»Deshalb beuge ich meine Knie vor dem Vater, von dem jedes Geschlecht im Himmel und auf Erden seinen Namen hat, dass er euch Kraft gebe nach dem Reichtum seiner Herrlichkeit, gestärkt zu werden durch seinen Geist an dem inwendigen Menschen, dass Christus durch den Glauben in euren Herzen wohne. Und ihr seid in der Liebe eingewurzelt und gegründet, damit ihr mit allen Heiligen begreifen könnt, welches die Breite und die Länge und die Höhe und die Tiefe ist, auch die Liebe Christi erkennen könnt, die alle Erkenntnis übertrifft, damit ihr erfüllt werdet, bis ihr die ganze Fülle Gottes erlangt habt. Dem aber, der überschwänglich tun kann über alles hinaus, was wir bitten oder verstehen, nach der Kraft, die in uns wirkt, dem sei Ehre in der Gemeinde und in Christus Jesus durch alle Geschlechter von Ewigkeit zu Ewigkeit! Amen.«

1

GEBET ZEIGT ABHÄNGIGKEIT

Durch das Gebet gestehen wir unsere Abhängigkeit ein und verleihen ihr Ausdruck.

Ein selbstbewusster Mensch wird Gott um nichts bitten. Er sieht keinen Grund zum Beten, denn er glaubt, dass er alles im Griff hat. Ein selbstgerechter Mensch hält es nicht für nötig, im Gebet seine Sünden zu bekennen, denn er hält sich für gut genug, um Gottes Segen zu verdienen. Doch wer sein Herz in Gottes Gegenwart erkennt und weiß, wie sehr er der Vergebung und der Hilfe Gottes bedarf, der folgt Paulus' Beispiel: Er beugt seine Knie (vgl. Eph 3,14).

Paulus leistete großartige Dinge. Sein Wirken veränderte die Welt buchstäblich. Seine Predigten entfachten rund um das Mittelmeer ein Feuer – das Feuer des

Evangeliums, das sich von Jerusalem über die Türkei bis nach Griechenland und westwärts nach Rom erstreckte. Nur wenige Menschen haben so viel getan und bewirkt wie dieser kleine, gebückte, kurzsichtige jüdische Konvertit.

Aber Paulus glaubte nie, dass irgendetwas auf seine eigene Kraft zurückgeführt werden konnte. Er wusste, dass er eine privilegierte Aufgabe hatte:

> *»Und ich bin durch die Gabe der Gnade Gottes ein Diener dieser Botschaft geworden … den nichtjüdischen Völkern verkündigen zu dürfen, dass der unfassbare Reichtum des Messias auch für sie da ist, und ans Licht zu bringen, wie Gott dieses Geheimnis nun verwirklicht hat; diesen Plan, den der Schöpfer aller Dinge vor aller Zeit gefasst hat und bis jetzt verborgen hielt.« (Eph 3,7–9 NeÜ)*

Paulus wusste, dass er diese Aufgabe ohne Gottes Hilfe niemals bewältigen würde. Also betete er. Er erkannte die enge Verbindung zwischen seiner Predigt und seinem Gebet – Ersteres muss vom Zweiten begleitet werden. Er war sich der Tatsache bewusst, dass »wenn der HERR nicht das Haus baut, so arbeiten umsonst, die daran bauen« (Ps 127,1). Er lebte aus, was Arthur C. Ainger im 19. Jahrhundert in seiner Hymne »God Is Working His Purpose Out« beschrieb:

»All unser Tun ist wertlos nur,
wenn Gottes Segen fehlt;
vergeblich hoffen wir auf Frucht,
bis Gottes Saat aufgeht.«[1]

Diese Wahrheit lag Paulus' gesamtem Denken zugrunde: Einer pflanzt den Samen, ein anderer begießt ihn, aber nur Gott gibt das Gedeihen (vgl. 1 Kor 3,6–7).

DAS VORBILD DES MEISTERS

Damit folgte Paulus dem Vorbild seines Meisters, des Herrn Jesus. Wenn wir die Evangelien lesen, entdecken wir, dass Jesus ständig zum Vater betete. Vermutlich waren die vielen Ereignisse, die uns die Verfasser der Evangelien überliefern, nur die Spitze des Eisbergs und bei Weitem nicht alles. Jesu Lebenseinstellung war von abhängigem Gebet gekennzeichnet. In der Nacht vor seinem Tod spricht Jesus zu seinen Jüngern einige seiner berühmtesten und bewegendsten Worte, die auch als Obergemach-Rede bekannt sind:

»Euer Herz erschrecke nicht! Glaubt an Gott und glaubt an mich!« (Joh 14,1)

»Ich bin der wahre Weinstock und mein Vater der Weingärtner ... Wie mich mein Vater liebt,

> *so liebe ich euch auch. Bleibt in meiner Liebe!« (Joh 15,1.9)*

> *»Niemand hat größere Liebe als die, dass er sein Leben lässt für seine Freunde.« (Joh 15,13)*

> *»Wenn euch die Welt hasst, so wisst, dass sie mich vor euch gehasst hat.« (Joh 15,18)*

> *»Wenn aber der Tröster kommen wird, den ich euch senden werde vom Vater, der Geist der Wahrheit, der vom Vater ausgeht, der wird Zeugnis geben von mir.« (Joh 15,26)*

> *»Seid getrost, ich habe die Welt überwunden.« (Joh 16,33)*

Darauf folgt der erste Vers in Kapitel 17:

> *»Solches redete Jesus und hob seine Augen auf zum Himmel und sprach: …«*

Jesus betete. Und er sagte sinngemäß: »Vater, ich bete jetzt, dass die Dinge, die ich meinen Freunden beigebracht habe und die sie anhand meiner Lehre verstanden haben, tatsächlich zu ihrer eigenen Erfahrung werden, wenn sie in die Welt hinausgehen.«

Das erscheint mir eine gewaltige Wahrheit und eine ziemlich unangenehme Herausforderung zu sein. Meine Gebete – ob ich bete, wie viel ich bete, wofür ich bete – offenbaren meine Prioritäten. Und sie verraten, wie sehr ich tatsächlich davon überzeugt bin, dass ich Gott brauche, oder ob ich im Grunde genommen selbstsicher und selbstgerecht bin. Wenn Paulus als »Apostel Christi Jesu durch den Willen Gottes« (Eph 1,1) wusste, dass er seine »Knie vor dem Vater beugen« musste (Eph 3,14), wie sieht es dann mit uns aus? Wenn Jesus Christus, der größte Lehrer der Welt, Gottes Anweisungen erst nach vorherigem Gebet folgte, was ist dann mit uns? Wenn Jesus Christus, der mit seiner Mission nicht nur die Weltgeschichte, sondern die ganze Ewigkeit veränderte, sich Zeit zum Beten nahm, was bedeutet das für uns? Wenn Jesus Christus, der Sohn Gottes, wusste, dass er das Gebet brauchte, welche Auswirkung hat das auf uns?

TISCHMANIEREN

Es liegt nicht in unserer Natur, so im Bewusstsein unserer Abhängigkeit zu beten. Wenn wir glauben, das sei doch selbstverständlich, werden wir nie so beten.

Charles Simeon war 54 Jahre lang Pfarrer der Holy Trinity Church in Cambridge, England. Zu seiner Gemeinde gehörte einige Jahre lang Henry Martyn, der einer der ersten Missionare in Indien werden sollte. Als er Simeon einmal predigen hörte, schrieb Martyn in sein Tagebuch:

> *»Mr. Simeon bemerkte in seiner ausgezeichneten Predigt heute Abend, dass es für einen Pfarrer leichter sei, fünf Stunden zu predigen und zu studieren, als eine halbe Stunde lang für sein Volk zu beten.«*[2]

Das stimmt in der Tat. Hast du nicht auch schon festgestellt, dass wir viel leichter mit anderen reden können als mit Gott? Fällt es dir nicht viel leichter, dich mit irgendetwas zu beschäftigen, eine gute Arbeit zu leisten oder deine To-do-Liste abzuhaken, als innezuhalten und vor deinem Vater zu knien? Stehen wir nicht meist auf der falschen Seite in der Geschichte von Marta und Maria? Sind wir nicht eher wie Marta, die sich so sehr »zu schaffen machte und diente«, dass sie sich nicht zu ihrer Schwester Maria gesellte, die »sich dem Herrn zu Füßen setzte und seiner Rede zuhörte« und Zeit mit ihrem Herrn im Gespräch verbrachte (vgl. Lk 10,39–40)?

Erkennst du deine Abhängigkeit? Darin liegt deine Herausforderung. Denk daran, dass Paulus den Zusammenhang zwischen Predigt und Gebet kannte. Hier kannst du also feststellen, ob du abhängig bist, und auch damit beginnen, deinem Mangel an Gebet abzuhelfen. Frag dich einfach: Werde ich am nächsten Sonntag beten, bevor und nachdem mir Gottes Wort gepredigt wird?

Es ist wichtig, in welcher Haltung wir auf die Bibel hören und wie wir uns nach dem Gottesdienst auf den Weg nach Hause machen – sowohl für uns selbst als auch als Gemeinde. Und es ist aufschlussreich. Wir bringen unseren Kindern meistens bei, dass sie sich vor dem Essen bei Gott für die Mahlzeit bedanken sollen, und dass man nach einer Mahlzeit nicht einfach ohne »Danke« vom Tisch geht. Das gehört sich einfach so. Genauso ist es mit dem Brot des Wortes Gottes. Man fängt nicht gleich an, es aufzunehmen, sondern man dankt Gott erst einmal dafür und bittet ihn, er möge es benutzen, um uns geistlich zu nähren. Dann beendet man die Mahlzeit nicht und rennt zu seinem Auto, sondern man nimmt sich nach dem Essen noch etwas Zeit und sagt: »Danke, Vater, für die Speise. Sie wurde vielleicht nicht so serviert, wie ich es mag, und sie war vielleicht auch nicht ganz nach meinem Geschmack. Aber ich glaube, der Pastor (oder wer auch immer die Predigt hielt) hat sie, so gut er konnte, unter Gebet vorbereitet und gehalten, und ich möchte dir dafür danken, dass du mich versorgt hast, bevor ich mich jetzt auf den Weg mache.«

MIT HERZ UND AUF KNIEN

Während Paulus diesen gewaltigen Brief an die Epheser schreibt und von der Herrlichkeit und den Wundern Gottes spricht, schauen wir in sein Schlafzimmer (oder besser gesagt, in sein Gefängnis), und wo finden wir ihn? Auf den Knien, seine eigene Hilflosigkeit zum Ausdruck bringend. Selbst seine Körperhaltung zeigt seine Abhängigkeit. Aus diesem Grund betont er wohl: »Deshalb beuge ich meine Knie.« Jüdische Männer beteten im Allgemeinen im Stehen. Aber Paulus kniete nieder, um anzuerkennen, wer er war und wer der Vater ist, zu dem er sprach. Der große viktorianische Prediger C. H. Spurgeon sagte:

> *»Wir dürfen kühn mit Gott reden, aber nicht stolz, denn er ist im Himmel und wir auf der Erde.«*[3]

Wir kommen zuversichtlich, aber nicht selbstgefällig vor Gott. Wir nähern uns einem liebenden Vater, aber nicht als seinesgleichen.

Eines Tages wird sich im Namen Jesu jedes Knie beugen und jede Zunge wird bekennen, dass Jesus Christus der Herr ist, zur Ehre Gottes, des Vaters (vgl. Phil 2,10–11). In seinem Gefängnis in Rom verschafft sich Paulus einen Vorsprung, denn er beugt seine Knie und betet. Seine Haltung drückt sowohl Staunen und Ehrfurcht aus, die er vor Gott empfindet, als auch die Ernsthaftigkeit, mit der er Gott sucht. Im Bewusstsein seiner Abhängigkeit entscheidet sich Paulus zum Gebet und unterstreicht dies durch seine Haltung.

Genau so sollen auch wir beten. Ich sage nicht, dass wir dabei unbedingt knien müssen. Es geht um die Haltung unseres Herzens und nicht um die unseres Körpers. Kommen wir zu Gott in dem Bewusstsein, von ihm abhängig zu sein? Bitten wir ihn, unsere Arbeit zu segnen, uns zu unserem Dienst zu befähigen, unseren Mängeln abzuhelfen und unsere Sünden zu vergeben? Was zählt, ist ein von Gott abhängiges Herz, nicht eine bestimmte Körperhaltung, wie eins meiner Lieblingsgedichte von Sam Walter Foss auf humoristische Weise deutlich macht:

»›Wenn man die Lage recht besieht,
kann man nur beten, wenn man kniet.‹
So sprach der Küster Klickermann
und schloss seine Rede ab sodann.

›Nein, nein‹, sagt da der Herr Pastor,
›das kommt mir nicht sehr würdig vor!
Es wär' schon besser, dazusteh'n,
mit dem Aug' zum Himmel sehn,
die Arme auf der Brust verschränken,
und dann auch an den Herrgott denken.‹

›Ich glaub' das nicht‹, sagt Bruder Holz,
›die Haltung scheint mir viel zu stolz,
geschloss'nes Aug' von Ehrfurcht zeugt;
der Kopf wird auch zerknirscht gebeugt.‹

›Mir scheint der Vorschlag auch nicht richtig,
denn Händefalten ist noch wichtig!
Die Daumen zeigen hin zur Erde,
damit die Demut sichtbar werde.‹
So sprach der Bischof aus der Gegend,
er fand das Thema sehr erregend.

Da meldet sich ein Mann aus Hagen
und möchte seine Meinung sagen:
›Einst fiel ich in den Brunnenschacht
von meinem Nachbarn Heiner Kracht.
Den Kopf voran fiel ich hinein,
doch keiner hörte mich da schrei'n.

Ich sprach zum Herrgott ein Gebet,
wie es in keinem Buche steht.
Es war noch nie so ernst gemeint,
dass meine Lösung richtig scheint:
Ich betete den Kopf nach unten
und hab die Rettung so gefunden.‹«[4]

Das beste und wahrhaftigste Gebet ist das Gebet einer abhängigen Person zu einem allmächtigen Gott.

ER KANN EIN PROBLEM LÖSEN (DU NICHT)

Das erinnert uns daran, dass es natürlich auch so etwas wie ein unchristliches Gebet gibt. Nach innen zu schauen, um eine spirituelle Realität zu finden, ist nicht dasselbe, wie zu Gott zu beten. Selbsthilfe-Mantras sind nicht dasselbe wie ein Gebet zu dem, der uns hilft. Ebenso ist das Beten in der vagen Hoffnung, dass der weit entfernte Gott da oben uns vielleicht erhört und sich die Mühe macht zu handeln, nicht dasselbe wie das Beten zu einem Vater, von dem wir wissen, dass er uns liebt wie seinen Sohn.

Irgendwann im letzten Jahr entdeckte ich beim Öffnen meines Briefkastens, dass die Scientology-Kirche mir eine schöne Zeitschrift geschickt hatte. Offenbar wollten sie mich rekrutieren. Ich erkenne ihr Bemühen an, auch wenn es vergeblich war und ich sie enttäuscht habe. Aber als ich mir die Zeitschrift ansah und auf der Rückseite die Ziele von Scientology las, wurde mir klar, dass sich ihr Standpunkt in vier Worten zusammenfassen lässt: *Wir lösen das Problem.* Durch unsere Technologie, dadurch, dass wir es auf unsere Art und Weise tun und durch unsere verschiedenen Stufen im Dianetik-Programm kann es dir wieder gut gehen – so behaupten sie.

Das ist moderne Religion, und sie kommt in vielen Formen daher (einschließlich einer quasi-christlichen), aber die Sichtweise lässt sich immer in diesen vier Worten zusammenfassen: *Wir lösen das Problem.* Wenn du also ein Problem hast, dann musst du wissen, dass es nicht deine Schuld ist. Und wenn du nach einer Antwort suchst, dann schau in dich hinein und finde sie dort, oder wende unsere Regeln oder Techniken an, die werden dein Problem lösen. Diese Sichtweise besagt: »Schau in dich hinein, und wenn du intensiv genug suchst, kannst du dort Göttliches entdecken, und du bekommst alles geregelt, wenn du den richtigen Weg findest und ihm genau folgst.«

Das christliche Evangelium hingegen sagt: »Wenn du in dich hineinschaust, wirst du letztlich enttäuscht sein und nur entdecken, dass du von den Dingen, die wirklich zählen, selbst die einfachsten nicht im Griff hast. Das Problem liegt in dir selbst. Es ist dein Fehler. Und deshalb muss die Antwort von außen kommen und nicht von dir. Das ist die wunderbarste Nachricht, dass Jesus gekommen ist, um dein Problem zu lösen. Er ist gekommen, um die Trennung zwischen dir und Gott zu beseitigen und die Beziehung wiederherzustellen, für die du geschaffen wurdest, indem du dich an Gott als deinem liebenden Vater erfreust.«

Das ist das genaue Gegenteil der modernen Religion.

Deshalb ist das christliche Gebet in einzigartiger Weise abhängig und demütig; es spiegelt auch den Schrei jedes menschlichen Herzens wider. Selbst diejenigen, die Jesus nicht als ihren Herrn und Erlöser bezeichnen würden, erkennen doch, wenn sie innehalten und ehrlich sind, dass etwas kaputt ist und sie Hilfe brauchen. Auf meinem Handy habe ich ein Lied von Annie Lennox, das es treffend zusammenfasst (ich bin ein Fan von Annie Lennox, aber zum Teil nur deswegen, weil sie Schottin ist). Es heißt »Oh God«, und darin fragt sie Gott, wo er ist und ob er bereit ist, ihr zu helfen, weil sie »wegging und alles kaputt gemacht hat«. Wenn es jemals eine Seele gab, die gerettet werden musste, singt Annie, »dann muss ich es sein ... dann muss es jetzt sein«.[5]

Christen beten mit mehr Zuversicht, als in diesem Lied zum Ausdruck kommt, aber nicht weniger abhängig. Je mehr wir unsere Bedürftigkeit erkennen, desto mehr werden wir beten, wie Paulus es tat, und wie er sagen: »Ich beuge meine Knie vor dem Vater.« Es geht um die Herzenshaltung der Abhängigkeit – ob wir sie nun physisch durch Knien ausdrücken oder nicht. Ich persönlich finde es hilfreich, die Körperhaltung meiner Herzenshaltung anzupassen. In unserer Gemeinde knien wir als Älteste nieder, wenn wir vor dem Gottesdienst im Gebetsraum beten. Wir könnten auch sitzen oder stehen – das steht uns alles frei, und unser Vater wird uns den Zugang zu seinem himmlischen Thronsaal im Gebet nicht verwehren, nur weil unsere Knie nicht den Boden berühren. Aber wir haben uns in meiner Gemeinde entschieden, dass wir knien. Es ist ein Ausdruck unserer Abhängigkeit von Gott. Und es ist gut, das zu tun.

Wir werden um nichts Großes bitten, wenn wir nicht beten. Und wenn wir selbstsicher oder selbstgerecht sind, werden unsere Gebete bestenfalls unregelmäßig, unpersönlich, praktisch und trocken sein. Aber in dieser Haltung beteten weder Jesus noch Paulus. Das Gebet erinnert uns daran, wer wir sind und wer unser

Vater ist. Das Gebet drückt unsere Abhängigkeit aus und verstärkt sie.

Deshalb beugen die Kinder Gottes ihre Knie; nicht immer mit dem Körper, aber mit dem Herzen, und sie beten.

»Vater, ich danke dir für das Privileg, so zu dir kommen zu dürfen. Hilf mir, mich daran zu erinnern, dass der Herr Jesus mir diesen Zugang durch seinen Tod am Kreuz geöffnet hat. Lass mich nicht vergessen, dass ich beim Beten völlig vom Wirken des Heiligen Geistes abhängig bin, und dass ich in meinem Leben in jeder Hinsicht von dir abhängig bin. Hilf mir, so beten zu lernen, um Jesu willen. Amen.«

FRAGEN ZUR VERTIEFUNG

1

Weshalb könnten wir versucht sein zu glauben, dass wir unser Leben selbst in Ordnung bringen können? Welche sündigen Haltungen oder Überzeugungen können uns vom Gebet abhalten?

2

Inwiefern verändert sich unser Verständnis von Gebet, wenn wir uns bewusst machen, dass auch Jesus betete? Wie können wir (so wie Paulus) dem Vorbild unseres Meisters folgen?

3

Wie können wir in unserer Abhängigkeit von Gott wachsen und sie regelmäßig zum Ausdruck bringen?

4

Wenn unsere Gebete unsere Prioritäten offenbaren, was sagen dann deine Gebete darüber aus, was dir am wichtigsten ist? Wie könnte eine Verschiebung deiner Prioritäten dich dazu bringen, anders zu beten?

5

Welche Veränderungen der Haltung – körperlich oder geistlich – wären für dein Gebetsleben am hilfreichsten?

2

GEBET IST GEISTLICH (ABER NICHT UNPRAKTISCH)

Wenn ich mir Paulus' Gebete anschaue, fällt mir immer wieder auf, dass viele Anliegen, um die sich meine Gebete drehen, in seinen Gebeten überhaupt nicht vorkommen.

Lies seine Gebete im Epheserbrief (oder irgendeinem anderen seiner Briefe) – es ist bemerkenswert, dass es nie um materielle Fragen geht. Das ist besonders erstaunlich, wenn man bedenkt, dass Paulus im Gefängnis in Rom saß. Aber er betet nicht für seine Notlage und auch nicht für seine Freilassung. Eigentlich wäre das völlig legitim, denn er schreibt in Philipper 4,6:

> *»Sorgt euch um nichts, sondern in allen Dingen lasst eure Bitten in Gebet und Flehen mit Danksagung vor Gott kundwerden!«*

Paulus schrieb und glaubte das, und auch wir müssen das tun. Aber wir müssen ihm auch darin zustimmen, dass diese Sorgen letztendlich nicht von Belang sind. Wir dürfen mit allem zu Gott kommen, was wichtig ist, aber tatsächlich sind es nicht immer die wesentlichen Dinge, mit denen wir zu Gott kommen.

ETWAS GRÖSSERES ALS GESUNDHEIT

Die Gläubigen in Ephesus waren in gewisser Weise genau wie wir. Sie sorgten sich um Nahrung, Kleidung und Unterkunft. Sie bedachten, besprachen und zerbrachen sich den Kopf über das Verheiratetsein oder das Heiraten, das Elternsein oder Elternwerden (und an manchen Tagen auch über die Tatsache, dass sie lieber keine Eltern wären), über den Beruf, Steuern, Reichtum, Gesundheit usw. Aber in all seinen Gebeten für sie verliert Paulus kein einziges Wort darüber.

Tatsächlich kommt das Gebet um Gesundheit (das, wenn wir die Gebete westlicher Christen belauschen könnten, wahrscheinlich an erster Stelle steht) in der Bibel selten oder kaum vor. Warum beten wir dann so viel dafür?

Weil wir nicht sterben wollen.

Wir wollen leben. Wir hegen den leisen Verdacht, dass das, was wir jetzt haben (diesseits des Todes), besser ist als das, was Gott jenseits des Todes für uns bereithält. Deshalb klammern wir uns an das, was wir haben.

Aber stattdessen müssen wir glauben – wirklich glauben – dass diese Worte wahr sind:

> *»Aber Gott, der reich ist an Barmherzigkeit, hat in seiner großen Liebe, mit der er uns geliebt hat, auch uns, die wir tot waren in den Sünden, mit Christus lebendig gemacht – aus Gnade seid ihr gerettet –; und er hat uns mit auferweckt und mit eingesetzt im Himmel in Christus Jesus, damit er in den kommenden Zeiten erzeige den überschwänglichen Reichtum seiner Gnade durch seine Güte gegen uns in Christus Jesus.« (Eph 2,4–7)*

Du bist jetzt mit Christus im Himmel mit eingesetzt worden. Du bist Teil einer Familie, die ewig bestehen wird. Eines Tages wirst du in einem neuen Himmel und auf einer neuen Erde leben. Du wirst deinen Gott von Angesicht zu Angesicht sehen – und du wirst ihn preisen mit einem Herzen, das nicht mehr von der Sünde belastet und abgelenkt ist, und mit einem Körper, der nicht mehr zerstört werden und nicht mehr verfallen kann.

Und da wollen wir, du und ich, nur beten, dass wir gesund bleiben und lange leben? Wir dürfen mit allem zu Gott kommen, was wichtig ist, aber tatsächlich sind es nicht immer die wesentlichen Dinge, mit denen wir zu Gott kommen.

Wenn die Augen unseres Herzens für das geöffnet werden, was uns in der Zukunft erwartet, werden wir ganz anders leben, und unsere Prioritäten und Gebete werden neu geordnet. Wir werden weniger für die praktischen Dinge unseres Lebens beten, sondern vor allem für die geistlichen Realitäten unseres ewigen Lebens. Ewige Angelegenheiten werden wichtiger, und die aktuellen Sorgen verlieren an Gewicht. Wir leben und beten dann auf der Grundlage der Wahrheit aus Philipper 1,21: »Christus ist mein Leben, und Sterben ist mein Gewinn.«

Aber als zeitgebundene und gefallene Kreatur, die ich von Natur aus bin, vergesse ich oft den geistlichen und ewigen Aspekt der Realität. Deshalb kommen die Dinge, um die meine Gebete kreisen, in den Gebeten von Paulus nicht vor – während ich kaum für die Dinge bete, die Paulus wichtig sind. Seine Augen sind auf die Ewigkeit gerichtet. Seine Gebete sind geistlich. Und so müssen auch wir beten.

NIE WIEDER »SEI MIT …«

Aus diesem Grund möchte ich folgende zwei Worte aus meinen Gebeten streichen – ein Anliegen, für das wir in den meisten unserer Gebete vergeblich bitten:

»Sei mit …«

Wenn du meine Gebete aufzeichnen würdest, hätte ich den traurigen Verdacht, dass du darin oft die Formulierung »sei mit ...« hören würdest: »Lieber Gott, bitte sei mit Tom, wenn er zur Arbeit geht, und sei mit Hanna, der am Dienstag die Weisheitszähne entfernt werden, und sei mit ... und mit ... und mit ... und mit uns allen. Amen.«

Das ist einfallslos. Es ist beschränkt. So zu beten, ist – im Gegensatz zu Paulus – ganz bestimmt nicht geistlich ambitioniert. Und es ist meines Erachtens auch unnötig. Jesus sagte: »Siehe, ich bin bei euch alle Tage bis an der Welt Ende« (Mt 28,20). Er hat versprochen, bei Tom und Hanna zu sein. Daher wäre es überflüssig, meine Gebete für sie auf die Bitte zu reduzieren, Jesus möge etwas tun, was er bereits angekündigt und begonnen hat.

In der ganzen Heiligen Schrift wirst du kein Gebet finden, in dem Gott nur darum gebeten wird, »mit« seinem Volk zu sein. Die Gebete der Heiligen drehen sich um viel gewichtigere und geistlichere Anliegen. Schauen wir uns einmal Nehemia an. Zu Beginn des Buches Nehemia wird ihm, der im Exil als Mundschenk des persischen Königs arbeitet, berichtet, dass die Mauern der Stadt Gottes, Jerusalem, niedergerissen und die Tore verbrannt sind. Ein völliges Fiasko. Nehemia ist zutiefst erschüttert und beschließt, etwas dagegen zu unternehmen. Aber natürlich kennt er die Wahrheiten, die wir im vorigen Kapitel besprochen haben:

> *»Als ich aber diese Worte hörte, setzte ich mich nieder und weinte und trug Leid tagelang und fastete und betete vor dem Gott des Himmels und sprach: …« (Neh 1,4–5)*

Und so spricht er das Gebet, wie wir es in Nehemia 1 aufgezeichnet finden:

> *»Herr, mein Gott, bitte sei mit allen Menschen in Jerusalem …«*

Nein! Natürlich sagt er das nicht!

Er betet vielmehr so (ich paraphrasiere): »O Gott, du großer, ehrfurchtgebietender und herrlicher Gott, der über das Universum herrscht. Wir, dein Volk, beugen uns vor dir und bekennen dir unsere Sünden und unsere Unzulänglichkeiten.«

Kannst du erkennen, was er tut? Er wendet sich zuerst geistlichen Anliegen zu, bevor er um praktische Dinge bittet. Er weiß, dass die Mauer von Jerusalem ein Bild für den geistlichen Zustand des Volkes ist. Der Grund dafür, dass die Mauer eingestürzt und niedergerissen ist, liegt in den geistlichen Nöten ihrer Herzen. Deshalb betet Nehemia zuerst für das Wichtigste: »Herr, ich muss unsere Sünden bekennen. Herr, ich muss anerkennen, dass wir völlig von dir abhängig sind. Herr, lass uns auf die Dinge schauen, die wirklich wichtig sind, denn wir haben den Blick für die Realität vollkommen verloren.«

Schau dir die Gebete von Daniel an, da ist es genauso. In Daniel 9, wo beschrieben wird, dass Gottes Volk unterdrückt wird und ringsum Chaos herrscht, betet er nicht für praktische Dinge. Er spricht vielmehr über die Größe und Herrlichkeit Gottes und seines Reiches und über die Tatsache, dass Gott souverän ist. Das ist gewaltig. Ich werde demütig angesichts von Daniel, Nehemia und Paulus. Wie klein und begrenzt sind doch meine Gebete. Sie drehen sich hauptsächlich um »sei mit ...«.

Meiner Erfahrung nach sind die Eltern unter uns besonders gefährdet, diese Einstellung zu entwickeln, wenn es um ihre Kinder geht. Wenn du Kinder hast, kannst du so erkennen, ob deine Gebete zu praktisch und zu wenig geistlich sind. Was betest du für deine Kinder, falls du es tust? Zeigen die Gebete für unsere Kinder, dass uns ihr geistlicher Zustand wichtiger ist als ihr finanzielles, beziehungsmäßiges oder berufliches Wohlergehen? Spiegeln unsere Gebete die Wahrheit wider, dass ihre Stellung in Christus unendlich viel wichtiger ist als ihre Stellung in der Schule, im Studium, im Büro oder in der Gesellschaft?

Wir *dürfen* alles vor Gott bringen, was uns wichtig ist – aber die Dinge, die wirklich wichtig sind, *müssen* wir vor Gott bringen.

DER DREH- UND ANGELPUNKT

Verlass dich hier aber nicht auf mein Wort. Nimm Jesus beim Wort.

In dem berühmten Abschnitt in Matthäus 6 spricht Jesus mit seinen Jüngern über berechtigte praktische Sorgen – ihre Nahrung, ihre Kleidung, ihr Leben. Und er tadelt sie nicht dafür, dass sie sich um diese Dinge sorgen. Aber er sagt: »Lasst uns darüber nachdenken. Habt ihr jemals Vögel gesehen, die eine Fabrik bauen, um Dinge herzustellen? Warum nicht? Weil unser Vater sie füttert. Und habt ihr schon einmal Blumen gesehen, die ihre Kleider nähen oder ins Einkaufszentrum gehen, um sich die richtige Ausstattung zu besorgen? Warum eigentlich nicht? Weil wir, egal welche Kleidung wir uns kaufen, niemals mit der erstaunlichen natürlichen Schönheit von Gottes schöpferischer Handarbeit mithalten können. Deshalb«, schlussfolgert Jesus, »sage ich euch, was ihr tun sollt:

> *Trachtet zuerst nach dem Reich Gottes und nach seiner Gerechtigkeit …«*

Das bedeutet, geistlichen Dingen den Vorrang zu geben.

> *»… so wird euch das alles zufallen.«* (Mt 6,33)

Mit anderen Worten ausgedrückt meint Jesus hier: Wenn ihr euch um meine Dinge kümmert, kümmere ich mich um eure.

Das Zentrum unseres Lebens und Handelns ist stets geistlich zu verstehen. Um es bildlich darzustellen: Bei einem Fahrrad ist die Nabe der Schlüssel zu allen Speichen. Wenn die Nabe schwach ist oder schlecht sitzt, sodass die Speichen verbogen, locker oder nicht fest sind, dann können diese das Rad nicht in die gewünschte Richtung bringen. Die Nabe ist entscheidend. Und für dich und mich hat unsere Nabe, unser Zentrum, geistliche Bedeutung. Paulus beugt seine Knie vor dem Vater im Himmel und betet auf diese Weise, um den Ephesern zu zeigen, dass dies wirklich wichtig ist. Und deshalb müssen geistliche Dinge im Mittelpunkt unserer Gebete stehen – nicht ausschließlich, aber vorrangig.

GEISTLICHE VERÄNDERUNG HAT PRAKTISCHE AUSWIRKUNGEN

Wenn das geistliche Zentrum meines Lebens solide ist, dann werden auch die praktischen Speichen stark sein. Wir neigen dazu, so zu leben und zu beten, als bräuchten wir vor allem Hilfe bei praktischen Fragen oder Lebensproblemen. Und wir alle kennen Situationen, in denen wir göttliche Hilfe und göttliche Veränderung brauchen. Aber je mehr wir das Evangelium wertschätzen, desto stärker wird sich auch unser Leben verändern und die Wahrheit dieses Evangeliums widerspiegeln.

Die Christen in Ephesus wussten das, weil sie es selbst erlebt hatten. Ephesus war eine Stadt, die aufgrund ihrer Handelsmöglichkeiten wohlhabend war, und sie war berühmt wegen des großen Tempels der Artemis (oder Diana genannt), der eins der sieben Weltwunder der Antike darstellte. Dieser Tempel diente der heidnischen magischen Verehrung und war auch ein starker lokaler Wirtschaftsfaktor.

In dieser Umgebung tauchte Paulus auf und verkündete die Herrschaft Jesu. Tag für Tag »predigte er frei und offen drei Monate lang, lehrte und überzeugte sie von dem Reich Gottes ... sodass alle, die in der Provinz Asia [der heutigen Türkei] wohnten, das Wort des Herrn hörten, Juden und Griechen« (Apg 19,8.10).

Ephesus war ein geistliches Schlachtfeld. Neue Gläubige verließen ihr früheres Leben, in dem sie vom Okkulten und der Macht geistlicher Mächte beherrscht worden waren (vgl. Apg 19,11–17). Diese geistliche Veränderung hatte auch praktische Auswirkungen:

> *»Es kamen auch viele von denen, die gläubig geworden waren, und bekannten und verkündeten, was sie getan hatten. Viele aber, die Zauberei getrieben hatten, brachten die Bücher zusammen und verbrannten sie öffentlich und berechneten, was sie wert waren, und kamen auf fünf-*

zigtausend Silbergroschen. So breitete sich das Wort aus durch die Kraft des Herrn und wurde mächtig.« (Apg 19,18–20)

Es muss ein prächtiges Feuer gewesen sein, als diese Christen ihre Zauberei-Bücher zusammenbrachten und in einem öffentlichen Forum verbrannten. Nicht zu vergessen: der materielle Wert dieses Lesestoffs – 50.000 Silberstücke!

Das ist ein beträchtlicher Geldbetrag. Stellen wir uns einmal die Unterhaltungen dabei vor:

»Was ist mit diesen Leuten los? Warum verbrennen sie alle ihre Bücher?«

»Tja, sie haben eben eine ganz andere Weltsicht.«

»Du meinst, sie glauben nicht mehr an das spirituelle Zeug?«

»Doch, doch. Aber sie glauben jetzt, dass Jesus von Nazareth über seinen Tod hinaus lebt, dass er Sünden vergibt und über alles allmächtig herrscht.«

»Na, das klingt wirklich verrückt. Wie idiotisch, ihre Bücher zu verbrennen. Die hätten sie doch wenigstens verkaufen können.«

Es geht um Folgendes: Dein Dreh- und Angelpunkt – dein geistliches Glaubenssystem und deine Sicht von Gott – bestimmt dein praktisches Handeln. In seinem Brief an die Gemeinde in Ephesus sagt Paulus also nicht: »Ihr braucht jemanden, der die politischen und zivilen Strukturen eurer Stadt in Ordnung bringt.« Er sagt auch nicht: »Ihr müsst Gesetze erlassen, die die Unruhen und die okkulte Anbetung verbieten, unter denen eure Stadt leidet.« Nein – Paulus sagt ihnen und uns, dass wir nur die Wahrheit des Evangeliums kennen müssen. Was wir wirklich wissen müssen – oder besser gesagt, *wen* wir wirklich kennen müssen – das ist Jesus. Wir müssen erkennen, was wir in unserem Herrn Jesus Christus haben. Wir müssen wissen, was jetzt für uns gilt, und was an dem Tag für uns gelten wird, an dem alles vollendet ist. Paulus sagt: »Dafür bete ich. Ihr werdet feststehen, wenn ihr die Wahrheit kennt.«

Das Gleiche gilt auch für uns. Die Wahrheit und Wirklichkeit des Herrn Jesus Christus zu erfahren ist das, was du und ich mehr als alles andere brauchen. Wir müssen wissen, »wie überschwänglich groß seine Kraft an uns ist, die wir glauben« (Eph 1,19). Zu oft ist unser Jesus zu schwach. Wir haben ein Bild von Jesus, der irgendwie um einen Platz im Pantheon der Götter kämpft – um seinen Platz in der großen Geschichte der geistlichen Welt. Wir müssen verstehen, dass Jesus eine Krone trägt, die jede andere Macht unendlich überstrahlt und ewig überdauert, wie es das alte Kirchenlied »Krönt Jesus, unsern Herrn« ausdrückt:

»Krönt Jesus, unsern Herrn,
der Frieden uns gebracht
und dessen Zepter allem Streit
der Welt ein Ende macht.

Das Reich ist ewig sein,
das wir im Glauben sehn;
bekennen wird es jeder Mund,
wenn wir dort vor ihm stehn.«[6]

Wenn wir diesen Jesus kennen, wird jeder von uns einen festen Mittelpunkt in seinem Leben haben, und jeder von uns wird beten.

WAS WIRKLICH ZÄHLT

Wenn du also zu beten beginnst, was ist dein Hauptanliegen?

Du hast ein großes Problem in deinem Beruf? Dann brauchst du Gottes Hilfe, und das Wichtigste, was du kennen musst, ist das Evangelium. Du willst wissen, wie du deine Ehe retten kannst? Auch dazu brauchst du Gottes Hilfe, und deshalb ist das Evangelium das Wichtigste, was du kennen musst. Du bist besorgt wegen eines Kindes? Dazu benötigst du Gottes Hilfe und musst vor allem das Evangelium kennen. Du hast ein ernstes gesundheitliches Problem? Dann brauchst du Gottes Hilfe und musst das Evangelium kennen.

Wir werden beim weiteren Studium von Paulus' Gebeten für die Epheser sehen, wie die Wahrheit des Evangeliums sich auf unser Gebet und auch auf praktische Dinge auswirkt. Aber zuerst müssen wir anfangen, geistlich zu beten. Damit müssen wir beginnen – und dann, wenn wir zu unseren praktischen Anliegen übergehen, müssen wir so beten wie für die geistlichen Wahrheiten, für die wir zuvor gebetet haben. Lassen wir nicht zu, dass wir in unseren Gebeten den Schwerpunkt von Paulus' Gebeten aus dem Blick verlieren. Wir *dürfen* alles vor Gott bringen, was uns wichtig ist – aber die Dinge, die wirklich wichtig sind, *müssen* wir vor Gott bringen.

»Vater, ich danke dir, dass du deinen eigenen Sohn nicht verschont und ihn für uns alle geopfert hast. Ich weiß, dass nur dies wirklich zählt. Ich danke dir auch dafür, dass du uns außerdem alles schenkst. Ich preise dich für die vielen Möglichkeiten, mit denen du für die praktischen Belange meines Lebens sorgst, und ich bitte dich, dass diese Dinge nie zu meinem einzigen oder gar wichtigsten Anliegen werden. Hilf mir, die Hilfe des Heiligen Geistes zu suchen, wenn ich mich mit verschiedenen und schwierigen Angelegenheiten befasse. Und hilf mir vor allem, mich daran zu erinnern, was am wichtigsten ist. In Jesu Namen. Amen.«

FRAGEN ZUR VERTIEFUNG

1

Lies Epheser 2,4–7. Gibt es Bereiche in deinem Leben, in denen du in Bezug auf deine himmlische Zukunft mehr Glauben brauchst? Zeigt deine jetzige Lebenshaltung, dass du dich mehr nach dem Himmel sehnst als nach Erfüllung in diesem Leben?

2

Notiere drei deiner größten aktuellen Anliegen. Wie kannst du diese Sorgen Jesus überlassen und ihm gleichzeitig vertrauen, wenn er dich auffordert, geistlichen Dingen den Vorrang zu geben?

3

Was sollten deine wichtigsten Gebetsanliegen sein?

4

Was verleitet dich dazu, deine Gebete nicht an der Ewigkeit zu orientieren? Wie kannst du im Gebet deine irdischen Anliegen gegen geistliche eintauschen?

1 2 3
4 5
6 7 8

FOKUSSIERT BETEN

Wir liegen vielleicht im Bewusstsein unserer Abhängigkeit auf den Knien; wir versuchen wirklich, geistlich zu beten, aber früher oder später fehlen den meisten von uns die richtigen Worte und der Gedanke drängt sich auf: »Was soll ich denn nur sagen?«

Ich möchte fünf wichtige Anliegen herausgreifen, für die Paulus für seine Brüder und Schwestern in Ephesus betet. Wir werden sie in den nächsten fünf Kapiteln nacheinander betrachten. Dies ist keine umfassende Liste dessen, was wir für uns und unsere Gemeinden beten dürfen, können und sollten. Wir werden die Gebete auf dieser Liste nie ausschöpfen, wenngleich wir täglich dafür beten.

1. Fokussiert beten
2. Um Hoffnung beten
3. Um Reichtum beten
4. Um Kraft beten
5. Um Liebe beten

VON DER DUNKELHEIT INS LICHT

> *»Ich war verloren ganz und gar,*
> *war blind, jetzt sehe ich.«*[7]

Es gibt einen klaren Unterschied zwischen Blindheit und Sehkraft. Man kann nicht blind und sehend zugleich sein. Das gilt für die Augen des Herzens genauso wie für die Augen im Kopf.

»Ich war blind, jetzt sehe ich.« – Das war das berühmte Zeugnis von John Newton, dem vormaligen Sklavenhändler und späteren Pastor und Verfasser von Hymnen.

Ein ähnliches Zeugnis legte auch Saulus von Tarsus ab. Als er Jesus begegnete, bewirkte dieser, dass sein körperlicher Zustand dem geistlichen entsprach, in dem er die Reise nach Damaskus angetreten hatte – er wurde blind. Dann besuchte Ananias Saulus …

> *»… und legte die Hände auf ihn und sprach: Lieber Bruder Saul, der Herr hat mich gesandt, Jesus, der dir auf dem Wege hierher erschienen ist, dass du wieder sehend und mit dem Heiligen Geist erfüllt werdest. Und sogleich fiel es von seinen Augen wie Schuppen, und er wurde wieder sehend; und er stand auf, ließ sich taufen.« (Apg 9,17–18)*

Dass ihm die Schuppen von den Augen fielen, war ein Sinnbild für die geistliche Verwandlung, die Saulus erlebte, als er erkannte: Jesus lebt. Jesus ist real. Jesus ist Herr.

Er war blind gewesen – so blind, dass er das Licht bekämpfte und die Jünger Jesu verhaftete. Aber jetzt sah er – so klar, dass er dem Licht der Welt folgte und es der ganzen damals bekannten Welt verkündete.

Diese Metapher zieht sich durch die Schriften des Paulus. Wenn wir kein geistliches Sehvermögen haben, können wir nicht erkennen, was wirklich wichtig ist. Und so betet er – nicht nur für Nicht-Christen, sondern auch für Gläubige:

> *»[D]ass der Gott unseres Herrn Jesus Christus, der Vater der Herrlichkeit, euch gebe den Geist der Weisheit und der Offenbarung, ihn zu erkennen. Und er gebe euch erleuchtete Augen des Herzens«. (Eph 1,17–18)*

Dein Herz ist das Zentrum deines Lebens, der Kern deines Wesens. Es bestimmt, wer und was du bist, und es kontrolliert deinen Verstand, deine Gefühle, deinen Willen. Und deshalb müssen die Augen deines Herzens weit geöffnet und gut fokussiert sein.

SEHEN LERNEN

Wenn ein Baby geboren wird, kann es ein wenig sehen. Aber es sieht nur schwarz-weiß und alles verkehrt herum, bis das Gehirn herausfindet (wie, weiß ich nicht), dass die Dinge andersherum mehr Sinn machen. Wenn du geistlich wiedergeboren wirst, bist du nicht länger blind, sondern siehst. Aber die Augen des Herzens brauchen Zeit, um sich an das Licht zu gewöhnen und sich anzupassen. Man sieht einiges, aber nicht alles. Und deshalb betet Paulus hier dafür, dass diejenigen, die zum Glauben an Jesus gekommen sind, erleuchtete Augen des Herzens bekommen mögen, damit sie klarsehen.

Was will er ihnen zeigen? Er stimmt in elf Versen – im Griechischen ist es ein einziger langer, jubelnder Satz – seine große Symphonie des Heils an, einen großen Lobgesang. Er sichert seinen Lesern alles zu, was ihnen in dem Herrn Jesus Christus gehört:

- Sie sind erwählt, heilig und untadelig vor Gott zu sein (V. 4).
- Sie sind dazu vorherbestimmt, Gottes Adoptivkinder zu sein und sie werden so geliebt, wie sein ewiger Sohn geliebt wird (V. 5).
- Sie sind durch das Blut Jesu erlöst, sodass sie sich über die Tatsache freuen können, dass sie zwar Sünder sind, ihnen aber *vergeben* worden ist (V. 7).

- Sie sind Teil des großen Plans des Vaters, alles unter die herrliche Herrschaft seines Sohnes in Einheit und Vollkommenheit zu bringen (V. 9–10).
- Sie haben das Erbe der Ewigkeit mit ihm vor sich, und sein Geist wohnt in ihnen und garantiert, dass sie diesen Ort erreichen werden (V. 11.13–14).

Das ist nicht selbstverständlich. Wir sollten darüber staunen, dass wir zu Gottes Volk gehören. Schließlich hat er uns nicht wegen *unseres* Beitrags ausgewählt, denn alles, was du und ich mitgebracht haben, waren unsere Übertretungen. Sogar der Glaube, den wir in Christus gesetzt haben, damit er uns vergibt, war ein Geschenk von ihm (vgl. Eph 2,8–9).

In meiner Gemeinde singen wir manchmal das Lied »Ich bin froh, dass ich weiß, Gottes Eigen zu sein«[8]. Aus meiner Sicht sollten wir es allerdings lieber so singen: »Ich bin *erstaunt*, dass ich weiß, Gottes Eigen zu sein«, denn es *ist* wirklich staunenswert, dass Gott dich und mich erwählt hat. Du solltest dich darüber wundern, dass die Liebe Gottes zu dir bis in die Ewigkeit zurückreicht. Dass er vor der Erschaffung der Welt seine Liebe auf dich richtete. Dass er dich zu einem bestimmten Zeitpunkt in der Weltgeschichte zu sich zog. Dass er dich trotz deiner Kompliziertheit, deiner Schwächen und Fehler liebt. Du hast das nicht verdient. Es geschieht durch Glauben, der ein Geschenk Gottes ist. Paulus war unaufhörlich dankbar für das, was Gott für die Christen in Ephesus getan hatte (V. 16). Er gedachte ihrer in seinen Gebeten und dankte für ihren Glauben. Und auch wir müssen dankbar sein – für uns selbst und für alle uns bekannten Gläubigen, denn Gott hat sein Volk wahrlich gesegnet »mit allem geistlichen Segen im Himmel« (V. 3).

Das Problem ist, dass wir es oft nicht sehen.

Und so geht Paulus in Vers 15 vom Lobpreis zum Gebet über und betet in den Versen 16–17, dass diese Christen wirklich erkennen, was sie haben. Er ist diese erstaunliche (wenn auch nicht erschöpfende) Liste von Dingen durchgegangen, die Gott für sie bereitgestellt hat. Und er sagt: »Seht ihr das jetzt wirklich? Wenn ihr das wirklich verstehen würdet, dann würde das euer Leben revolutionieren.« Und die Antwort, die er erwartet, lautet: »Nein, das tue ich nicht, nicht immer. Manchmal kann ich das überhaupt nicht sehen.« Also sagt er: »Ich bete für euch, dass die Augen eurer Herzen geöffnet werden.«

Der englische Prediger S. D. Gordon fragte einmal seine Gemeinde: »Hört ihr mit allen Ohren eures Herzens?« Und Paulus sagt: »Ihr müsst mit beiden Augen eures Herzens sehen. Ihr müsst all das sehen, was in Christus wirklich für euch gilt und wahr ist.«

Paulus betet für kein neues, sondern für ein zielgerichtetes Sehvermögen. Er betet nicht darum, dass seine Leser Christen werden, sondern dass sie all das genießen können, was ihnen als Christen schon gehört. Er weiß um ihren »Glauben an den Herrn Jesus« und ihre »Liebe zu allen Heiligen« (V. 15). Er dankt dafür, dass Gott ihnen die Augen geöffnet hat, um zu sehen, wer Jesus ist. Aber Paulus gibt sich damit nicht zufrieden. Er will mehr für sie. Der Glaube an Christus ist zuallererst ein entscheidender Schritt, und dann eine beständige Haltung. Es geht zunächst darum, die Augen des Herzens dafür geöffnet zu bekommen, wer Jesus ist und was er getan hat. Danach müssen wir unsere Augen des Herzens immer mehr auf die Herrlichkeit Jesu ausrichten, damit wir immer mehr in ihrem Licht leben. Paulus möchte, dass die Epheser die Wohltaten Gottes, die sie bereits erhalten haben, verstehen und genießen.

Allzu oft leben wir als Christen wie jemand, der ein All-Inclusive-Ticket für ein Kreuzfahrtschiff bekommen hat und in seinem Liegestuhl sitzt, Kekse isst und Wasser trinkt, weil er nicht begriffen hat, dass mit diesem Ticket das gesamte Essen für ihn kostenlos ist. Er geht nie ins Restaurant, weil er nicht verstanden hat, was sein Ticket alles beinhaltet. Er ist zwar auf dem Schiff, aber er genießt die Reise nicht.

Paulus sagt den Christen in Ephesus: »Ihr müsst wissen, ihr müsst sehen, dass ihr bereits ›jede geistliche Segnung‹ erhalten habt. Nicht nur eine. Nicht nur ein paar. Jede Einzelne. Das ist es, was euch innerlich und äußerlich umgestaltet.« Deshalb sagt Paulus: »Ich bete darum, dass die Augen eurer Herzen erleuchtet werden, damit ihr erkennt, was ihr seht.«

Und in erster Linie schauen wir auf Christus.

DU MUSST GOTT KENNEN

In Jesus liegen alle unsere geistlichen Segnungen. Im Sohn hat sich der Vater zu erkennen gegeben. Je klarer du Christus siehst, desto wunderbarer wird er dir erscheinen und desto herrlicher wird sich dein Leben in ihm offenbaren. Das möchte Paulus seinen Freunden zeigen – »dass der Gott unseres Herrn Jesus Christus, der Vater der Herrlichkeit, euch gebe den Geist der Weisheit und der Offenbarung, *ihn zu erkennen*« (Eph 1,17, Hervorhebung durch den Verfasser). Dazu brauchst du Gott. Durch das Werk Gottes, des allmächtigen Vaters, sollen wir mithilfe des Heiligen Geistes alle Wohltaten genießen, die er uns durch seinen Sohn erwiesen hat, damit das Volk Gottes so werden kann, wie er es sich wünscht.

Wir müssen lernen zu beten: »Öffne die Augen meines Herzens, Herr. Ich will dich sehen und all das, was ich in dir habe.« Gott erkennen, indem wir auf Gott sehen. Das brauchen wir am meisten. Eine der größten Schwächen des heutigen Evangelikalismus ist ein Versagen auf dieser Ebene. Wo auch immer ich predige, erlebe ich oft, dass Menschen danach zu mir kommen und fragen: »Aber Sie haben mir nicht gesagt, was ich tun soll. Können Sie mir keinen praktischen Rat geben? Etwas, das ich *tun* kann, das mir helfen wird?«

Ein Teil der Antwort liegt in diesem Gebet des Paulus. Nirgendwo in einem der Paulusbriefe findest du einen Sechs-Schritte-Leitfaden zur Zufriedenheit, oder die vier Schlüssel zu einem angstfreien Leben, oder acht praktische Möglichkeiten, das Beste aus deinem Geld zu machen. Nein – Paulus will, dass du bekommst, was du am meisten brauchst. »Was du wirklich brauchst«, sagt er, »ist ein Geist der Weisheit und der Offenbarung, der zu einer größeren, tieferen Kenntnis von ihm führt.« Du musst Gott kennen.

Dies ist eine einsame Welt. Wir fühlen uns oft allein. Die sozialen Medien stellen dich nicht zufrieden (unabhängig von der Anzahl der Likes). Freunde lassen uns im Stich oder sind anderweitig beschäftigt. Jeder möchte, dass jemand kommt und hilft und seine Hand hält. Ich will dir sagen, was du brauchst: Du musst auf Gott schauen. Du musst Gott kennenlernen. Du musst wissen, dass es einen Schöpfer und einen Erhalter von allem und jedem gibt, und dass er dein gütiger Vater ist. Du musst wissen, dass er nicht gern schilt, aber umso lieber segnet. Du musst wissen, dass er deine Bedürfnisse kennt und deine Gebete hört. Du musst wissen, dass er dich erwählt hat, dass er dich an Kindes statt angenommen hat, dass er dein Schicksal gesichert hat, dass er dir vergeben hat und dass er dir seinen Geist geschickt hat. Und warum? Weil er dich liebt. Du musst all das, was du in Christus hast, in ganzer Pracht und Herrlichkeit sehen.

Gott hat uns »gesegnet mit allem geistlichen Segen im Himmel durch Christus« (V. 3). Kannst du das sehen? Kannst du ihn sehen?

Diese Wahrheit wird dich verändern, dir Sicherheit geben und dich gründen. Christus mit den Augen deines

Herzens klar zu sehen ist das, was du heute tun kannst und was dich am meisten verändern wird. »Wir alle aber spiegeln mit aufgedecktem Angesicht die Herrlichkeit des Herrn wider, und wir werden verwandelt in sein Bild von einer Herrlichkeit zur andern von dem Herrn, der der Geist ist« (2 Kor 3,18). Wie kann das geschehen? Du kannst es nicht selbst tun. Ein Blinder heilt sich nicht selbst. Es kommt »von dem Herrn, der der Geist ist« (V. 18). Es ist möglich, dafür zu beten, es ist nötig, dafür zu beten, und es lohnt sich unendlich, dafür zu beten. Bete für »erleuchtete Augen des Herzens« (Eph 1,18), damit du wirklich von dir sagen kannst: »Ich war blind für ihn, aber jetzt sehe ich ihn – mehr und mehr!«

»Gütiger Gott, danke, dass du mir die Augen meines Herzens geöffnet hast und mich erkennen lässt, dass du mich in Christus ›mit allem geistlichen Segen im Himmel‹ gesegnet hast. Vergib mir, wenn ich zulasse, dass andere Dinge meinen Blick trüben. Hilf mir, mit dem Blick auf Jesus zu leben, damit ich lerne, alles im Licht dieser Realität zu sehen – dass von dir und durch dich und zu dir alle Dinge sind. Um Jesu willen. Amen.«

FRAGEN ZUR VERTIEFUNG

1

In welchen Bereichen deines Lebens müssen dir die Augen des Herzens geöffnet werden, damit du dich selbst und andere so siehst, wie Gott es tut?

2

Lies Epheser 1,3–11 und notiere alles, was Gott dir in Jesus gegeben hat. Denkst du auf diese Weise über dich selbst und andere Christen? Warum oder warum nicht?

3

Verbringst du täglich Zeit damit, auf Jesus zu »schauen«? Wie können wir in unserem Alltag über all das nachdenken, was er getan hat?

4

Wie können wir anderen Christen dabei helfen, sich an dem zu erfreuen, was nur er geben kann?

4

UM HOFFNUNG BETEN

Wenn wir das Wort »Hoffnung« benutzen, drücken wir damit meistens Unsicherheit aus: »Ich hoffe, ich stolpere nicht.« »Ich hoffe, es regnet morgen nicht.« »Ich hoffe, der Aktienmarkt kommt wieder von allein in Gang.« Mit Zuversicht hat das alles nichts zu tun.

Aber das Neue Testament kennt keine Ungewissheit, wenn es das Wort »Hoffnung« verwendet. Gott will, dass wir »erkennen, zu welcher Hoffnung wir von ihm berufen sind« (Eph 1,18). Diese Hoffnung zu kennen bedeutet, einer Realität gewiss zu sein, die man noch nicht vollständig erfahren hat. Sie steht nicht unter Vorbehalt. Sie ist uns von dem Gott versprochen worden, der die Wahrheit ist. Es ist eine sichere Hoffnung, die uns vertrauen lässt. Diese Hoffnung beruht auf diesem Wissen: »[Die] er ausersehen hat, die hat er auch vorherbestimmt, dass sie gleich sein sollten dem Bild seines Sohnes« (Röm 8,29), und: »[Der] in euch angefangen hat das gute Werk, der wird's auch vollenden« (Phil 1,6).

Paulus sagt also den Christen in Ephesus: »Ich bete darum, dass ihr die Hoffnung, zu der Gott euch in Christus Jesus berufen hat, wirklich erkennt.« Er meint damit nicht einfach nur ein intellektuelles Wissen, sondern sowohl intellektuelles als auch erfahrungsgemäßes Wissen. Hoffnung ist objektiv – sie ist eine Realität, die auf Wahrheit beruht. Und Hoffnung ist subjektiv – die Realität muss ich auch mit dem Herzen wahrnehmen. Biblische Hoffnung versetzt unser Herz in die Lage, ruhig zu bleiben, wenn wir daran denken, dass wir eines Tages sterben werden. Biblische Hoffnung bedeutet, dass unser Herz beim Gedanken an den eigenen Tod sagt: »Jesus ist auferstanden. Mein Glaube ruht in ihm. Er ist meine Hoffnung. Er wird mich nicht im Stich lassen.«

OHNE GOTT KEINE HOFFNUNG

Ich erlebe dies bei Beerdigungen von Gläubigen sehr deutlich. Dort sind die Menschen mit ihrer eigenen Sterblichkeit konfrontiert – konfrontiert mit Hoffnung oder Hoffnungslosigkeit. Im Allgemeinen Gebetsbuch der Reformierten Episkopalkirche in Deutschland heißt es sinngemäß:

»Und bei der Übergabe sagen wir: Nachdem es dem allmächtigen Gott nach seiner großen Barmherzigkeit gefallen hat, die Seele unseres hier abgeschiedenen Geliebten abzurufen, so bestatten wir seinen Leib in der Erde, und übergeben die Erde der Erde, die Asche der Asche, den Staub dem Staube, und erinnern uns der zuversichtlichen und gewissen Hoffnung der Auferstehung [o. des ewigen Lebens] durch unseren Herrn Jesus Christus.«[9]

Oft fragen mich Erwachsene und Kinder hinterher: »Wie geht das? Wie kann man eine feste und sichere Hoffnung haben?« Eine Hoffnung kann doch nicht fest und sicher sein; und wenn sie fest und sicher ist, ist es keine Hoffnung. Ich erkläre ihnen dann, dass die Hoffnung, die Gott gibt, anders ist – dass es hier um eine Realität geht, die absolut sicher ist, aber noch nicht vollständig erfahren wird.

Dank dieser Hoffnung können wir unserem eigenen Ableben gelassen entgegensehen. Das Fehlen dieser Hoffnung hingegen kennzeichnet die säkularen Beerdigungen in der gesamten westlichen Welt.

Joe Queenan, der gelegentlich für das Wall Street Journal schreibt, hat eine Reihe von Büchern verfasst. Er ist witzig und klug, und kein bisschen zynisch. In einem seiner Bücher, *Balsamic Dreams*, schreibt er ein Kapitel über die Generation der Babyboomer, der er selbst angehört, und über die Art und Weise, in der sie seiner Meinung nach versucht haben, das allgegenwärtige Gefühl der Hoffnungslosigkeit zu überspielen und zu verleugnen, das heutzutage auf den meisten Beerdigungen herrscht. Er sagt, dass wir unfähig sind, der Realität unserer Sterblichkeit ins Auge zu sehen, und sie daher in eine Party oder eine Videoshow verwandeln. Wir machen daraus alles Mögliche, um die Realität des Todes zu verdrängen.[10] Warum ist das so? Weil der Tod hoffnungslos ist. Er nimmt dem Leben die Hoffnung, weil er das Ende von allem verspricht. Keine Errungenschaften oder Besitztümer können den Tod überdauern. Wie Paulus es in Epheser 2 ausdrückt, waren wir ohne das Evangelium ohne Hoffnung und ohne Gott in der Welt (vgl. V. 12). Wir waren »tot durch unsere Übertretungen und Sünden ... Kinder des Zorns von Natur wie auch die andern« (V. 1–3). Kein Gott, keine Hoffnung.

> *»Aber Gott, [welch herrliche Worte!] der reich ist an Barmherzigkeit, hat in seiner großen Liebe, mit der er uns geliebt hat, auch uns, die wir tot waren in den Sünden, mit Christus lebendig gemacht.« (Eph 2,4–5)*

Ein Gott, eine Hoffnung.

Die Hoffnung des Evangeliums ist real. Sie ist gewiss. Und sie muss nicht nur intellektuell verstanden, sondern auch im Herzen geglaubt werden. Die Frage ist also: Hast du diese Hoffnung? Haben die Segnungen, die dir von Gott in Jesus zuteilgeworden sind, dein Herz und deinen Verstand so ergriffen, dass sie zu deinem persönlichen Besitz geworden sind? Kannst du von dir sagen, dass dein ganzes Vertrauen im Leben und im Tod in jeder Hinsicht auf der Person und dem Werk des Herrn Jesus Christus gründet?

Hast du diese Hoffnung?

Und wenn nicht, was wirst du tun?

DU WIRST EWIG LEBEN

Es lohnt sich, einmal innezuhalten und ehrlich zu sich selbst zu sein, denn die westliche Gesellschaft ist voll von Menschen, die sich Christen nennen, aber nichts von dieser Hoffnung wissen. Stattdessen frönen sie der unsicheren Hoffnung, dass es, wenn es so weit ist, eine Art automatische Eintrittskarte in den Himmel gibt oder dass etwas Güte sie schon durchbringen wird. Einige dieser Menschen lesen vielleicht einmal dieses Buch.

Frag dich also: »Was ist meine Hoffnung, wenn ich an meinen eigenen Tod denke?«

Wir sprechen in den Gemeinden nicht viel über unseren Tod, und auch in unserer Gesellschaft ist er kein Thema. Aber die Erfahrung lehrt uns, dass wir alle einmal sterben müssen und dann Gott begegnen werden. So sagt es die Bibel. Wir haben eine Verabredung mit unserem Schöpfer. Egal, ob du als Gläubiger oder als Ungläubiger stirbst – eines Tages wirst du für immer von den Toten auferweckt werden. Es gibt dann zwei Möglichkeiten: Entweder verbringst du die Ewigkeit in der vollkommenen, liebevollen, segensreichen Gegenwart Gottes (welche die Bibel »Himmel« nennt), oder du erfährst die Abwesenheit der vollkommenen, liebevollen, segensreichen Gegenwart Gottes (die in der Bibel »Hölle« genannt wird).

Die Geschichte der Bibel ist die Geschichte eines Gottes, der die Menschen sucht, die sich vor ihm verstecken. Das tut er, seit sich die ersten Menschen gegen ihn auflehnten und sich in dem Garten versteckten, den er für sie geschaffen hatte, um mit ihm zu leben. Gott sagte nicht zu Adam und Eva: »Gut, dann macht, was ihr wollt.« Nein, er kam. Er sprach. Er rief nach Adam.

Und er kommt auch heute noch zu denen, die sich vor ihm verstecken. Und er fragt: »Warum versteckst du dich? Weißt du nicht, dass du in Jesus Vergebung hast und alles, was du brauchst? Weißt du nicht, dass ich dich so sehr liebe, dass ich meinen Sohn gesandt habe, damit er deinen Platz einnimmt und das Urteil für dich trägt, damit du an jenem zukünftigen Tag keine Angst vor dem Gericht haben musst? Weißt du nicht, dass ich dir dies alles geschenkt habe? Warum versteckst du dich dann?«

Und die Leute sagen: »Na ja, das kann wohl sein. Klingt ganz sinnvoll. Aber das ist nichts für mich.« Oder: »Meine Frau steht auf diese ganze Sache, aber ich nicht.« Oder: »Das ist was für Kinder oder Leute, die viel Zeit oder was verbockt haben. Mir geht's eigentlich ganz gut, besten Dank.«

Aber wie sieht dein Plan aus? Wenn du deine Hoffnung nicht auf Jesus gesetzt hast – was passiert dann an dem von Gott festgelegten Tag, an dem du eine Verabredung mit demjenigen hast, dessen Urteil endgültig und ewig ist? Wenn dich die Liebe Gottes nicht anspornt, dann lass dich wenigstens von der Angst vor dem Tod und dem Jenseits aufschrecken.

Gott sucht und bittet Menschen, eine echte, lebendige und mit Hoffnung erfüllte Beziehung zu ihm einzugehen. Er kommt, um verlorene Sünder zu finden. Vielleicht durch jemanden, der an deine Tür klopft. Vielleicht durch etwas, das dein Enkelkind sagt. Vielleicht durch einen Freund, der dir ein Buch bringt. Vielleicht durch jemanden, dessen Leben zu Ende geht und der bezeugt, wie real, vertrauenswürdig und liebevoll sich Jesus die ganze Zeit ihm gegenüber erwiesen hat. Wie auch immer Gott zu dir kommt: Du musst die Hoffnung ergreifen, die er dir anbietet. Bitte Gott, dass er dir die Augen des Herzens dafür öffnet. Du wirst ewig leben – die Frage ist nur, wo.

ER GING HIN, UM UNS EINE STÄTTE ZU BEREITEN

In Johannes 14, in der Nacht vor seinem Tod, tröstet Jesus seine Jünger und gibt ihnen dieses herrliche Versprechen:

> *»Euer Herz erschrecke nicht! Glaubt an Gott und glaubt an mich! In meines Vaters Hause sind viele Wohnungen. Wenn's nicht so wäre, hätte ich dann zu euch gesagt: Ich gehe hin, euch die Stätte zu bereiten? Und wenn ich hingehe, euch die Stätte zu bereiten, will ich wiederkommen und euch zu mir nehmen, auf dass auch ihr seid, wo ich bin.« (Joh 14,1–3)*

Lies diese Worte. Wenn du dein Vertrauen auf Jesus gesetzt hast, der den Tod besiegt hat und auferstanden ist, dann mach dir bewusst, dass er zu dir sagt: »Ich bin hingegangen, um dir eine Stätte zu bereiten. Ich werde wiederkommen und dich zu mir nehmen, damit auch du dort bist, wo ich bin.«

Saug diese Worte auf. Lass dein Herz und deinen Kopf wissen: »Ich bin hingegangen, um dir eine Stätte zu bereiten. Ich werde wiederkommen und dich zu mir nehmen, damit auch du dort bist, wo ich bin.«

Ich erinnere mich an die eiskalten Winter in Schottland, als ich noch ein Junge war. Manchmal ging ich raus, und mein Vater sagte mir, ich solle zu einer bestimmten Zeit zu Hause sein. Wenn ich dann daheim ankam, hatte mein Vater das Bett schon für mich gemacht. Er hatte mir eine Wärmflasche ins Bett gelegt. Er wartete darauf, mich willkommen zu heißen. Ich erinnere mich noch gut an die Freude, die ich empfand, weil ich wusste, dass ich einen Vater hatte, der mich liebte. Er hatte all das für mich vorbereitet. »Ja, mein Sohn, ich habe mich auf dein Kommen gefreut. Ich wusste, dass du bald zu Hause sein würdest. Ich habe dein Zimmer für dich hergerichtet.«

Zu dieser Hoffnung hat dich Jesus berufen. Diese Hoffnung will Jesus dir schenken. Das Leben Jesu, der Tod Jesu, die Auferstehung Jesu, die Himmelfahrt Jesu – all das sagt dir: »Ich habe dein Zimmer für dich bereitet.«

In dieser sicheren Hoffnung liegt die Hoffnung, die Zuversicht und die Freude der Christen. Wir wissen, dass unsere besten Tage noch vor uns liegen. Wir wissen, dass der Tod nicht das Ende der besten Zeit unseres Lebens ist, sondern der Anfang.

Es fällt schwer, sich das immer wieder zu vergegenwärtigen. In einer hoffnungslosen Welt und unter Umständen, die manchmal hoffnungslos erscheinen, ist es nicht leicht, sich daran zu klammern. Es fällt uns schwer, das zu begreifen – die Ewigkeit ist zu groß für unseren Verstand. Aber wir können auf Jesus schauen und so unser Vertrauen wachsen lassen. Als der große englische Pastor John Stott einmal gefragt wurde, wie er sich das Leben nach dem Tod vorstelle, zitierte er diesen Vers des puritanischen Pastors Richard Baxter aus dem 17. Jahrhundert:

»Ich weiß nicht viel von dieser Welt,
mein Glaubensaug' ist trüb;
dass Christus alles weiß, genügt,
ein Heim bereit er hält.«[11]

Christus ist vorausgegangen und hat dir eine Stätte bereitet. Es ist schwer, das Tag für Tag zu erkennen. Selbst wenn wir es intellektuell verstehen, kann es passieren, dass wir emotional der Angst nachgeben. Deshalb musst du Gott bitten, dass diese Hoffnung für dich und die Menschen in deiner Umgebung real wird. Bete darum, dass du dich auf diese Hoffnung konzentrieren kannst. Dies ist ein gutes Gebet für dich selbst und für christliche Freunde an dunklen Tagen:

»Himmlischer Vater, ich bekenne, dass ich oft ängstlich und versucht bin, Erfüllung und Sicherheit in Dingen zu suchen, die viel versprechen, es dann aber nicht halten. Hilf mir, mit Erfahrungen von Enttäuschung, Niederlage und Traurigkeit umzugehen als jemand, der durch die Auferstehung des Herrn Jesus zu einer lebendigen Hoffnung wiedergeboren ist. Danke, dass diese sichere und gewisse Hoffnung die Zeit überdauert und mich stärkt an jedem Tag. Herr, lass mich die Gewissheit und Herrlichkeit der Hoffnung erkennen, zu der du mich berufen hast. Lass daraus Ruhe und Zuversicht erwachsen, Herr. Um Jesu willen. Amen.«

FRAGEN ZUR VERTIEFUNG

1

Welche Lebensumstände machen es dir gerade schwer, Hoffnung zu haben? Ist Hoffnung für dich sowohl objektiv (verstandesorientiert) als auch subjektiv (gefühlsorientiert)? Welchem Aspekt schenkst du mehr Aufmerksamkeit?

2

Welche Wahrheiten in Abschnitten wie Epheser 2,4–5 erfüllen dich mit Hoffnung?

3

Nenne einige Einflüsse in deinem Leben, die dazu führen, dass du deine Hoffnung auf die falschen Dinge setzt. Inwiefern werden alle diese Einflüsse zu Enttäuschungen führen?

4

Wie kann dein Vertrauen im Leben und im Sterben besser auf die Person und das Werk des Herrn Jesus Christus gegründet werden?

1 2 3

4 5

6 7 8

UM REICHTUM BETEN

Eines Tages werden du und ich sehr, sehr reich sein, denn wir werden ein Erbe antreten. In Epheser 1,14 sagt Paulus, dass der Heilige Geist, der in Gottes Volk wohnt, das »Unterpfand unseres Erbes« ist. Unser Erbe gehört uns bereits, aber wir haben es noch nicht vollständig in Besitz genommen. Auf uns wartet noch mehr, und wir werden es genießen, wenn wir in die Herrlichkeit eingehen.

Damit du in den Genuss eines Erbes kommst, muss zuvor ein Todesfall eintreten. Normalerweise ist es ein anderer, der stirbt. In diesem Fall bist du es.

Und deshalb betet Paulus, dass du und ich wissen, was wir eines Tages besitzen und erfahren werden: dass die Augen unseres Herzens erleuchtet werden, um zu »erkennen ... wie reich die Herrlichkeit seines Erbes für die Heiligen ist« (V. 18).

Diese Art des Gebets finden wir häufig bei Paulus. Er betete in ähnlicher Weise für die Gemeinde in Kolossä, »dass ihr gestärkt werdet mit aller Kraft durch [Gottes] herrliche Macht zu aller Geduld und Langmut. Mit Freuden sagt Dank dem Vater, der euch tüchtig gemacht hat zu dem Erbteil der Heiligen im Licht« (Kol 1,11–12). Nicht nur in den Paulusbriefen, sondern in der ganzen Bibel werden wir darauf aufmerksam gemacht. Auch Petrus ermutigt seine Leser in diesem Sinne:

> *»Gelobt sei Gott, der Vater unseres Herrn Jesus Christus, der uns nach seiner großen Barmherzigkeit wiedergeboren hat zu einer lebendigen Hoffnung durch die Auferstehung Jesu Christi von den Toten, zu einem unvergänglichen und unbefleckten und unverwelklichen Erbe, das aufbewahrt wird im Himmel für euch, die ihr aus Gottes Macht durch den Glauben bewahrt werdet zur Seligkeit, die bereitet ist, dass sie offenbar werde zu der letzten Zeit.« (1 Petr 1,3–5)*

»Du hast ein unverwelkliches Erbe«, sagt Petrus. Es wird niemals verloren gehen oder dich enttäuschen. Es wird genau so da sein, wie Gott es geplant hat, und wird an dem Tag angetreten, an dem Gott, der dich auf deiner Reise beschützt, dich an dein Ziel bringt.

WIR BEKOMMEN GOTT

Was ist so gut an diesem Erbe? Warum ist es so wunderbar, dass es uns Freude und Ausdauer schenken kann, bis wir es erhalten, obwohl wir »traurig sind in mancherlei Anfechtungen« (1 Petr 1,6)?

Das Erbe und der Reichtum sind so herrlich, weil Gott selbst das Erbe ist. Der Reichtum, den wir erben werden, wird von Paulus in Epheser 3,16 »der Reichtum seiner Herrlichkeit« genannt.

Worin besteht die Herrlichkeit Gottes? Sie ist die Summe seines Wesens. Die Herrlichkeit Gottes ist die Gesamtheit und der Inbegriff all dessen, was er uns von sich selbst offenbart hat, was unser begrenzter Verstand nur zu erahnen vermag, und was unser vollkommen gemachter Geist eines Tages ganz erfassen wird.

Gottes Herrlichkeit ist beispielsweise seine Macht, seine Selbstexistenz, seine Majestät, seine Gerechtigkeit, seine Wahrheit, seine Rechtschaffenheit, seine Heiligkeit, seine Reinheit usw. Sie ist die Vollkommenheit, die wir in der menschlichen Gestalt Jesu verkörpert sehen – dem Wort, das, wie Johannes sagt, Fleisch wurde und unter uns wohnte, damit wir sagen können: »Wir sahen seine Herrlichkeit, eine Herrlichkeit als des eingeborenen Sohnes vom Vater, voller Gnade und Wahrheit« (Joh 1,14).

Und eines Tages wirst du diese Herrlichkeit von Angesicht zu Angesicht sehen und dich an ihr erfreuen, während du Gott in Ewigkeit preist.

Ich weiß nicht, ob du jemals Menschen gekannt hast, mit denen du die ganze Zeit zusammen sein wolltest. Langeweile war dir in ihrer Gesellschaft fremd und wenn sie nicht bei dir waren, erschien dir die Welt etwas trist. Nun – Gott ist unendlich vollkommen. Es gibt immer mehr von ihm und an ihm zu schätzen und zu genießen, und daher ist seine Gesellschaft unvorstellbar vollkommen.

Und er ist dein Erbe.

Das größte Geschenk Gottes an sein Volk ist Gott selbst. Die größte Freude des Himmels ist Gott.

Das ist das Erbe, auf das du zugehst. Paulus betete dafür, dass wir es erkennen und uns an der Aussicht darauf erfreuen.

Möglicherweise kommen dir jetzt folgende Gedanken: »Das scheint mir ein bisschen weit weg von meinem Leben zu sein. Ich hatte mir dieses Buch etwas praktischer vorgestellt.«

Nein, wenn ich hier über den Reichtum der Herrlichkeit Gottes, des Vaters, des Sohnes und des Geistes spreche – über seine unübertreffliche Majestät und Herrlichkeit, über seine Gnade und seine Wahrheit – dann ist das tatsächlich von grundlegender Bedeutung für dein Leben, deinen Beruf, deine Beziehungen, einfach für alles. So predigte der junge C. H. Spurgeon 1855 seiner Gemeinde in London:

»Wollt ihr von euren Leiden befreit werden? Wollt ihr eure Sorgen ertränken? Dann geht und taucht euch in der Gottheit tiefstes Meer; verliert euch in seiner Unendlichkeit; und ihr werdet aufstehen wie von einem Ruhelager, erfrischt und gekräftigt. Ich weiß nichts, was so die Seele trösten kann; so die anschwellenden Wogen des Leides und des Schmerzes beruhigen; so die Wunde der Trübsal stillen, wie ein andächtiges Nachsinnen über die Gottheit.«[12]

Hier müssen wir ansetzen. Du kannst noch so viele Ratgeber lesen und noch so viele praktische Lösungen ausprobieren – aber damit würdest du am falschen Ende anfangen.

Wir müssen uns zuerst Gott und dem riesigen Reichtum seiner Herrlichkeit zuwenden. Und aus der Fülle seiner Segnungen und in der Erwartung, eines Tages in seiner vollen, ungetrübten Herrlichkeit zu leben, wird sich alles andere fügen.

»Ich bete dafür, dass ihr jeden Tag von der Aussicht auf euer herrliches Erbe belebt und begeistert werdet«, sagt Paulus.

Aber das ist noch nicht alles. Unser Erbe ist Gott. Und Gottes Erbe sind … wir.

GOTT BEKOMMT …

Die Bibelausleger sind sich uneins über die Art des »Erbes«, das in Epheser 1,18 genannt wird. Man kann es so verstehen, dass es um das Erbe geht, das uns gehört – Gott. Es kann aber auch das Erbe gemeint sein, das Gott für sich selbst vorbereitet hat – das sind wir. Mit anderen Worten, wir können annehmen, dass Paulus über »sein [Gottes] … Erbe in den Heiligen« spricht. Die Begriffe sind zwei Seiten einer Medaille und schließen sich nicht gegenseitig aus. Gott hat ein Erbe in seinem Volk und wir haben ein Erbe in Christus.

Wenn wir diese Seite der Medaille betrachten, dann bezieht sich Paulus auf die Tatsache, dass der Vater dem Sohn ein Erbe versprochen hat – und dieses Erbe besteht aus allen, die in Christus sind.

Der Prophet Maleachi formulierte es so:

> *»So redeten die Gottesfürchtigen untereinander. Der HERR merkte auf und hörte es, und es ward vor ihm ein Gedenkbuch geschrieben für die, welche den HERRN fürchten und an seinen Namen gedenken. Sie sollen, spricht der HERR Zebaoth, an dem Tage, den ich machen will, mein Eigentum sein, und ich will mich ihrer erbarmen, wie ein Mann sich seines Sohnes erbarmt, der ihm dient.« (Mal 3,16–17)*

Der Psalmist, der das Volk Gottes aufforderte: »Freuet euch des HERRN, ihr Gerechten; die Frommen sollen ihn recht preisen«, sagt hier:

> *»Wohl dem Volk, dessen Gott der HERR ist, dem Volk, das er zum Erbe erwählt hat!« (Ps 33,1.12)*

Hier erkennen wir das alttestamentliche Bild: Gott sieht in seinem Volk ein Erbe, das ihm gehört.

Ich erinnere mich, dass ich als Kind in der Sonntagsschule gern das Lied »Wenn der Heiland, wenn der Heiland« sang. Es ist wohl etwas sentimental, aber ich liebte es damals als Junge, und heute als Mann immer noch:

> *»Wenn der Heiland, wenn der Heiland*
> *als König erscheint*
> *und die Seinen als Erlöste im Himmel vereint,*
> *o dann werden sie glänzen,*
> *wie die Sterne so rein*
> *in des Heilandes Krone als Edelgestein.*
>
> *Und die Kindlein, und die Kindlein*
> *zieht er an die Brust,*
> *die Ihm kindlich ihre Herzen hier*
> *schenkten voll Lust.*
> *O dann werden sie glänzen,*
> *wie die Sterne so rein*
> *in des Heilandes Krone als Edelgestein.«*[13]

Ja, es ist wohl sentimental, aber es drückt doch eine Wahrheit aus. Was für ein wunderbares Bild! Wir erben Gott, was großartig ist – und Gott erbt uns, was, um ehrlich zu sein, seltsam ist. Gott hat sich ausgesucht, mit wem er die Ewigkeit verbringen möchte ... mit dir! Und mir! Er hat sich vorgenommen, seine Zeit für immer mit einer Vielzahl von Menschen zu verbringen: mit erlösten, ehemals sündigen Menschen, denen vergeben ist.

An dich, der du glaubst: Gott freut sich sehr darauf, dich zu sehen. Du wirst dich nicht durch die Hintertür in den Himmel schleichen, wo Gott dich in Ewigkeit gerade so erträgt. Du wirst durch die Vordertür hereinkommen und mit einem Fest empfangen werden. Gott wird sich an dir erfreuen, so wie du dich an ihm erfreust, bis in alle Ewigkeit. Er wird es genießen, von Trophäen seiner Gnade in menschlicher Gestalt umgeben zu sein. Und du wirst sein Willkommen und seine Umarmung genießen.

ÜBER DEN HORIZONT DES HIER UND JETZT HINAUSSCHAUEN

Paulus betet darum, dass wir dies »erkennen«. So sollen wir auch für uns und andere beten. Wir müssen von unseren gegenwärtigen Problemen und Fehlern, von allen Dingen, die wir bereuen oder über die wir traurig sind, wegschauen und uns auf dieses zukünftige Erbe freuen. Dazu brauchen wir Gottes Hilfe – damit unsere Herzensaugen geöffnet werden und wir uns auf die Zukunft fokussieren können. Unser Horizont ist begrenzt auf das Hier und Jetzt. Wir schauen nicht weiter als bis zu unserer Nasenspitze. Oft ist das Heute dunkel. Manchmal erleben wir zwar Lichtblicke und gute Dinge in unserem Leben, aber sie ändern sich und können verschwinden, und wenn wir nur darauf schauen, dann verflüchtigen sich Hoffnung und Freude schnell. Paulus lehrt uns also, Gott zu bitten, unsere Augen des Herzens zu öffnen, damit wir viel weiter und viel besser sehen können – auf den Reichtum, der uns in Ewigkeit erwartet.

Selbst in den schwersten Zeiten kann es Freude geben, und Hoffnung in den dunkelsten Stunden, wenn deine Augen auf die Zukunft gerichtet sind. Wirst du den Herrn bitten, dich nicht nur irgendwie durch das Leben zu bringen, sondern deine Herzensaugen zu öffnen, damit du dein göttliches Erbe sehen kannst? Wirst du den Herrn bitten, dies für Christen zu tun, die du kennst und die kämpfen und sich abmühen? Und wirst du den Herrn bitten, dies auch für Christen zu tun, die du kennst und die erfolgreich sind? Bitte Gott darum, dass es deine und ihre Vision wird, die große Wahrheit zu verkünden und zu besingen:

»Herr aller Herren, mein Erbe bist du.
Was nützen mir Ehre und Reichtum dazu?«[14]

Wir sind reicher, als wir denken. Und eines Tages, in der Herrlichkeit, werden wir reicher sein, als wir es uns überhaupt vorstellen können. Wir werden bei Gott sein.

»Vater, lass meine Gebete mich stets als eins deiner Kinder ausweisen. Du bist ein großzügiger Gott, der mich überreich segnet. Ich danke dir, dass du selbst dein größtes Geschenk an mich bist. Doch wie leicht und schnell vergesse ich dich und konzentriere mich stattdessen auf nichtige irdische Schätze. Dein Wort sagt mir: Wenn ich schon meinen Kindern gute Gaben zu geben weiß, wie viel mehr wirst du deinen Kindern alles geben, was wir brauchen, und weit mehr, als wir verdient haben. Ich danke dir, dass das Kreuz mir die Wahrheit dieser Aussage beweist. Bitte hilf mir, heute nach dieser Wahrheit zu leben. In Christi Namen bitte ich dich inständig. Amen.«

FRAGEN ZUR VERTIEFUNG

1

Was begeistert dich am meisten an deiner Zukunft mit Gott? Lebst du so, als sei diese Zukunft schon Realität?

2

Was trübt deine »Herzensaugen« und verstellt dir den Blick auf die Zukunft in Christus?

3

Wie können wir es uns zur Gewohnheit machen, von den Problemen, Fehlern, dem Bedauern und den Traurigkeiten der Gegenwart aufzublicken und uns auf unsere verheißene Zukunft zu freuen?

4

Welche Sorgen könnten verschwinden, wenn wir mit dem Gedanken an unser reiches Erbe von Gott beten würden?

1 2 3
4 5
6 7 8

UM KRAFT BETEN

Die wenigsten von uns fühlen sich stark – ganz im Gegenteil, wir fühlen uns oft schwach. Wir wissen, was es heißt, in Versuchung zu geraten, ihr zu erliegen und zu versagen. Wir wissen, was es heißt, auf die Probe gestellt zu werden. Wir wissen, was es heißt, überwältigt zu sein: morgens aufzuwachen und in Ungewissheit zu versinken oder um drei Uhr in der Nacht von Ängsten überrollt zu werden. Wir wissen, was es heißt, Ängste vor der Zukunft zu haben, die Vergangenheit zu bedauern und sich um die Gesundheit und seine Angehörigen zu sorgen.

Niemand ist davor gefeit. Auch die Epheser waren es nicht. Und Paulus ebenso, denn er sagt der Gemeinde in Korinth nach seinem ersten Besuch in dieser Stadt: »Und ich war bei euch in Schwachheit und in Furcht und mit großem Zittern« (1 Kor 2,3). Er schreibt an die Gemeinde in Ephesus: »Darum ... gedenke [ich] euer in meinem Gebet ... damit ihr erkennt, ... wie überschwänglich groß seine Kraft an uns ist, die wir glauben durch die Wirkung seiner mächtigen Stärke« (Eph 1,19). Er betet um Kraft.

Was für eine Kraft ist das, die uns Gläubigen zur Verfügung steht? Paulus führt uns an drei Stellen. Nummer eins ist die Auferstehung: »Mit [dieser Stärke] hat er an Christus gewirkt, als er ihn von den Toten auferweckt hat« (V. 20). Nummer zwei ist die Erhöhung Jesu: Gott hat ihn »eingesetzt zu seiner Rechten im Himmel« (V. 20). Nummer drei ist die Herrschaft Jesu: Er ist ermächtigt »über alle Reiche, Gewalt, Macht, Herrschaft und jeden Namen, der angerufen wird, nicht allein in dieser Welt, sondern auch in der zukünftigen. Und alles hat er unter seine Füße getan« (V. 21–22). Paulus sagt, dass wir die umfassende Bedeutung des triumphalen Sieges Jesu verstehen müssen, und dass die Kraft, die diesen Sieg vollbracht hat, auch die Kraft ist, die dir und mir zur Verfügung steht – den machtlosen, zerbrechlichen Tontöpfen, die wir von Natur aus sind.

KRAFT, DIE TOTE AUFERSTEHEN LÄSST

Das Herzstück unseres christlichen Zeugnisses ist die Auferstehung des Herrn Jesus: eine Auferstehung, die durch ein leeres Grab bezeugt wurde und damals wie heute nicht wegdiskutiert werden konnte und kann. Die einzige vernünftige Erklärung besteht darin, dass es genau so geschah, wie Jesus es vorhergesagt hatte.

Die Verwandlung der Jünger ist ein weiteres Zeugnis für die Realität der Auferstehung. Sie waren besiegt worden. Sie hatten aufgegeben. Sie hatten sich versteckt. Der Leichnam Jesu lag im Grab des Josef von Arimathäa, und es gab nichts mehr zu sagen oder zu tun. Und dann standen sie plötzlich auf der Straße und Petrus sagte: »Diesen Jesus hat Gott auferweckt; des sind wir alle Zeugen ... So wisse nun das ganze Haus Israel gewiss, dass Gott diesen Jesus, den ihr gekreuzigt habt, zum Herrn und Christus gemacht hat« (Apg 2,32.36). Woher hast du diese Kraft, Petrus? Du warst ein verwirrter Mann, ein Besiegter, ein Leugner. Davor warst du nur ein Fischer. Wie kommt es, dass du wieder da bist? Woher nimmst du diesen Mut? Es ist das Werk der unermesslichen Macht Gottes: Dieselbe Macht, die Petrus' Herrn von den Toten auferweckte, erweckte auch Petrus und die anderen Jünger aus der trübseligen Stimmung ihrer Ungewissheit und ihres mangelnden Glaubens.

Ohne die Realität der Auferstehung gäbe es keine einzige Seite des Neuen Testaments. Die Apostel hätten kein Evangelium zu verkünden gehabt, und auch wir hätten nichts zu erzählen. Tatsache ist jedoch, dass der Vater, wie Lukas in der Apostelgeschichte berichtet, dafür sorgte, dass sein Heiliger die Verwesung nicht sah (vgl. Apg 2,31). Der Leichnam Jesu zerfiel nicht im Grab von Josef von Arimathäa. Nicht einen Augenblick lang.

Und warum? Wegen der unermesslichen Macht Gottes, die diese physische, objektive, historische Auferstehung eines Menschen aus dem Tod bewirkte.

JESUS IST NICHT NUR AUFERSTANDEN

Aber die Auferstehung steht nicht allein für sich. Jesus ist nicht nur auferstanden, sondern auch zur Rechten des Vaters im Himmel erhoben worden. Er ist nun an den Ort zurückgekehrt, von dem er ursprünglich kam.

Für die biblischen Autoren sind Auferstehung und Himmelfahrt ein einziger Vorgang. Jesus ist sowohl der auferstandene Herr als auch der aufgefahrene König. Die Himmelfahrt ist ebenso wie die Auferstehung eine Demonstration seiner erstaunlichen Macht. Die Himmelfahrt vollendete das Werk Christi, indem sie die volle Anerkennung des Vaters für das Opfer Christi für unsere Sünde beweist. Was bei der Himmelfahrt geschah, beschreibt der Verfasser des Hebräerbriefs: »Dieser aber hat ein einziges Opfer für die Sünden dargebracht, das ewiglich gilt, und hat sich zur Rechten Gottes gesetzt« (Hebr 10,12). Wo ist Jesus in diesem Moment, während du dies liest? Er hat sich zur Rechten Gottes hingesetzt, denn sein Opfer für die Sünden liegt in der Vergangenheit, die Vorbereitung eines Ortes für sein Volk in der Herrlichkeit Gottes liegt in der Vergangenheit und die Sendung seines Geistes als Gabe und zur Stärkung liegt in der Vergangenheit.

WAS JESUS JETZT TUT

Und was tut Jesus jetzt? Er regiert das Universum. In seiner Macht hat der Vater »alles ... unter seine Füße getan und hat ihn gesetzt der Gemeinde zum Haupt über alles« (Eph 1,22). Theologen bezeichnen dies als das Sitzen Christi (vom lateinischen Verb *sedere*, von dem der Begriff »Gerichtssitzung« stammt – der Richter sitzt zu Gericht, um Recht zu sprechen). Jesus sitzt zur Rechten des Vaters, nicht um zu ruhen, sondern um zu regieren. Er trägt das Universum (vgl. Hebr 1,3) und lenkt es. Zu welchem Zweck? Gott »hat ihn gesetzt der Gemeinde zum Haupt über alles« (Eph 1, 22). So wie er alle Dinge regiert, wirkt er auch in allen Dingen zum Wohl derer, die ihn lieben, seiner Gemeinde. Der Theologe Herman Hoeksema erklärt es so:

> *»Die Beziehung zwischen der Macht Christi über alle Dinge und seiner Souveränität über die Kirche ist so, dass er die erstere zur Erhaltung der letzteren einsetzt.«*[15]

Wenn wir uns also im Gebet dem himmlischen Thron nähern, beschämt durch unsere Sünde, beschwert durch unsere Lasten, geschwächt durch unsere Unzulänglichkeiten – dann entdecken wir, dass wir vor einem Thron der Gnade stehen. Wir kommen in dem Bewusstsein, dass derjenige, der das Universum erhält und seine Gemeinde regiert, allen hilft, die zu ihr gehören.

DIESE KRAFT IN DIR

Was würde passieren, wenn wir wüssten, »wie überschwänglich groß seine Kraft an uns ist, die wir glauben« (Eph 1,19)? Wir würden ein Leben in uneingeschränkter Hingabe führen. Es würde unsere ganze Weltsicht verändern, wenn wir uns das vor Augen führten. Seine unermessliche Macht würde uns beflügeln. Und warum? Weil es dann keinen Grund mehr gäbe, Gott nicht gehorchen und nicht für ihn Zeugnis ablegen zu können. Nach seiner Auferstehung und vor seiner Himmelfahrt sagte Jesus zu seinen ersten Jüngern:

> *»So steht's geschrieben, dass der Christus leiden wird und auferstehen von den Toten am dritten Tage; und dass gepredigt wird in seinem Namen Buße zur Vergebung der Sünden unter allen Völkern. Von Jerusalem an seid ihr dafür Zeugen. Und siehe, ich sende auf euch, was mein Vater verheißen hat. Ihr aber sollt in der Stadt bleiben, bis ihr angetan werdet mit Kraft aus der Höhe.«* (Lk 24,46–49)

> *»Aber ihr werdet die Kraft des Heiligen Geistes empfangen, der auf euch kommen wird, und werdet meine Zeugen sein in Jerusalem und in ganz Judäa und Samarien und bis an das Ende der Erde.«* (Apg 1,8)

Es ist eine Tatsache, dass die Jünger ohne die Kraft des Heiligen Geistes nichts tun konnten. Mit dieser Kraft jedoch konnten sie alles für die Sache des Sohnes Gottes tun. Es war die Kraft, die Christus von den Toten auferweckte, und es war die Kraft, die die Mission der Kirche innerhalb einer Generation von Jerusalem aus in die gesamte römische Welt trug. Diese Kraft steht dir und mir zur Verfügung. Sie kann uns dazu bringen, uns mit ganzer Hingabe einzusetzen, aufzustehen und Christus zu bezeugen. Paulus betete, dass seine Freunde in Ephesus diese Kraft erkennen und so leben würden, als sei sie real, weil sie wussten, dass die Auferstehung real ist. Wirst du auch so für dich selbst beten?

Wenn ich mich selbst betrachte, sehe ich meine Ohnmacht, und das hält mich zurück. Ich denke über mich selbst nach. Wie sieht es bei mir aus? Komme ich gut zurecht? Kann ich das schaffen? Ist es ein zu großes Risiko? Ich muss auf Christus sehen – nicht als einen umherwandernden, galiläischen Handwerker niedrigen Standes, sondern als den in den Himmel aufgefahrenen König, der über alle Fürsten und Gewalten, Mächte und Herrschaften und über alles von Rang und Namen Autorität ausübt. Das ist es, was ich brauche.

Es sind die Vormachtstellung und Überlegenheit Christi, die dem Christen Sicherheit und Geborgenheit geben. Kennst du sonst noch jemanden, der dir deine Sünden vergeben kann? Nein – und du brauchst es auch nicht. Kennst du sonst noch jemanden im Universum, der den Tod besiegt und dir den Weg hindurch gebahnt hat? Nein – und auch das brauchst du nicht. Kennst du sonst noch jemanden, der die Dinge zu deinem Besten lenkt, das Schlimmste von dir weiß und dich dennoch so sehr liebt, dass er sich stets für dein Wohl einsetzt? Nein – und du brauchst es auch nicht.

Die Stellung, die Gegenwart und die Macht Christi können uns von unseren Ängsten befreien. Wenn ich Ängste von außen wahrnehme, meine Schwäche im Inneren erkenne und mir der Tatsache bewusst bin, dass ich nicht so bin, wie ich sein sollte – dann kann ich in seiner Autorität und Macht ruhen.

»Okay«, sagen wir, »all diese Kraft ist da, die mein Erlöser hat und mir durch seinen Geist zur Verfügung stellt – aber ich habe meinen Job verloren. All diese Kraft ist da – aber meine Gesundheit ist angeschlagen. All diese Kraft ist da – aber mein Ehepartner ist gestorben. All diese Kraft ist da – aber die Sünde auch. Trotz dieser Kraft fühle ich mich so schwach.«

Wir leben noch nicht im Himmel. Wenn wir die unermessliche Macht Gottes erfahren, bedeutet das nicht, dass wir nicht weinen, trauern oder fragen. Und wenn wir das tun, müssen wir uns trotzdem vor Gott beugen. Und wir können immer noch vorwärtsgehen. Wir verstehen vielleicht nicht, was er gerade tut, aber wir unterstellen uns seiner Herrschaft und seiner Autorität, und wir vertrauen darauf, dass seine Kraft uns hindurchführen und zum Gehorsam befähigen wird. Auf diesem

Weg können wir Sicherheit erleben. Und wenn du mit Christen sprichst, die lange genug gelebt haben, um Höhen und Tiefen, Versagen, Schwächen und Chaos durchgemacht zu haben, dann werden dir die meisten sagen, dass sie die größten Fortschritte in ihrem Glaubensleben nicht in Zeiten des Triumphs erlebten, sondern in Nöten und Bedrängnissen. Die Kraft Gottes, die uns weitermachen und wachsen, gehorchen und Zeugnis ablegen lässt, erleben wir nicht, wenn die Kapelle spielt und alle marschieren. Wir erleben sie, wenn die Musik verklungen ist und wir nur noch mühsam vorwärts kriechen. Wenn du mit deiner Kraft am Ende bist, findest du seine. Und dann wirst du feststellen, dass sie unendlich groß ist und deshalb für dich reicht.

»In Gottes Liebe ruhend,
fürchtet mein Herz sich nicht;
es traut in allem Tuen
fest auf sein ew'ges Licht.
Der Sturm mag draußen toben,
es mag mir elend geh'n,
mein Helfer ist dort oben,
was kann mir da gescheh'n?«[16]

Wenige von uns fühlen sich stark. Das sind wir auch nicht. Aber wir haben eine Kraft, die jenseits unseres gefallenen Verstandes und unseres schwachen Körpers liegt. Lebe mit dem Blick auf den auferstandenen, aufgefahrenen und regierenden Christus, und wisse, dass die Kraft, die ihn dorthin gebracht hat, nun auch dir gehört. Lass dir von niemandem – auch nicht von dir selbst – etwas anderes einreden. Ruhe in seinen Verheißungen. Lebe in seiner Gegenwart. Bete dafür, dass du nicht nur weißt, »wie überschwänglich groß seine Kraft an uns ist, die wir glauben«, sondern dass du sie auch als gelebte Wirklichkeit erfährst. Und dann gehe in Gottes Gnade hinaus und erfülle deine Bestimmung.

> *»Gütiger Gott, ich danke dir, dass Jesus mich in meiner Not gefunden hat, dass er mich in meiner Schwachheit in den Schutz seiner Herde aufgenommen hat und dass du mich erhörst, wenn ich in Jesu Namen zu dir rufe, und mich aus all meinen Nöten errettest. Wenn ich ängstlich bin und versage, gewähre mir, dass ich die unermessliche Größe Jesu erkenne; und möge seine Stärke und nicht meine eigene die Grundlage für meinen zuversichtlichen Gehorsam dir gegenüber sein. Das alles erbitte ich in Jesu Namen. Amen.«*

FRAGEN ZUR VERTIEFUNG

1

In welchen Bereichen deines Lebens fühlst du dich schwach und weißt, dass du Gottes Kraft brauchst?

2

Kannst du dich an eine Zeit erinnern, in der Gott eindeutig durch dich gewirkt hat? Hat das, was du über Gott und seine Kraft wusstest, deine Sichtweise und dein Handeln verändert?

3

Wie gehst du mit deinen Schwächen und Unzulänglichkeiten um? Wie kannst du lernen, die Vorrangstellung Jesu in deinem Leben zu schätzen?

4

Was ist das Schwierige daran, in Gottes Verheißungen zu ruhen?

123
45
678

UM LIEBE BETEN

Weißt du eigentlich, wie geliebt du bist? Ich habe den starken Verdacht, dass niemand von uns sich dessen bewusst ist.

In gewissem Sinne werden Herz und Verstand unser Leben lang damit beschäftigt sein, die Realität der Liebe Christi zu verstehen. Und deshalb betet Paulus nicht darum, dass Gott anfängt, die Epheser zu lieben, sondern dass sie in ihrem Verständnis seiner Liebe wachsen. Er sagt ihnen, worum er Gott bittet:

> *»Und ihr seid in der Liebe eingewurzelt und gegründet, damit ihr mit allen Heiligen begreifen könnt, welches die Breite und die Länge und die Höhe und die Tiefe ist, auch die Liebe Christi erkennen könnt, die alle Erkenntnis übertrifft.« (Eph 3,17–19)*

Paulus möchte, dass die Epheser (und wir) die Freude erfahren, das Unbegreifliche zu begreifen – zu wissen, wie geliebt wir sind.

Wie können wir dahin kommen?

ES BRAUCHT EINE GEMEINDE

Erstens wirst du die Liebe Gottes in Christus nicht begreifen, wenn du von »den Heiligen« isoliert bist. Diese Erkenntnis kommt uns nicht allein in unserem Schlafzimmer oder wenn wir uns in die Abgeschiedenheit zurückziehen. Die Liebe Christi wird in Gemeinschaft entdeckt. Wenn es ein ganzes Dorf braucht, um ein Kind aufzuziehen, dann braucht es eine Gemeindefamilie, um zu erkennen, wie geliebt wir sind. Es braucht die ganze Gottesfamilie – die Familie, die wir kennen und die wir nicht kennen; alle, die vor uns waren und alle, die nach uns kommen werden –, um wirklich eine Ahnung von dem Wesen der Liebe Gottes zu bekommen.

Die Familie Gottes in Ephesus bestand aus Juden und Heiden. Die Familie Gottes in einer durchschnittlichen Gemeinde besteht heute aus Menschen mit unterschiedlicher Herkunft, unterschiedlicher sozialer Stellung, unterschiedlichem Alter, unterschiedlichen Lebensabschnitten usw. Sie umfasst Männer und Frauen, Junge und Alte, Reiche und Arme. Wir erhaschen einen Blick auf die Liebe Christi, wenn wir gemeinsam von ihr singen, wenn wir sie gemeinsam bekräftigen, wenn wir aus seinem Wort heraus gemeinsam von ihr hören, wenn wir uns gegenseitig darin ermutigen und sehen, wie sie sich im Leben der anderen zeigt. Gemeinsam wachsen wir in der Wertschätzung seiner Liebe.

ES BRAUCHT HERZ UND VERSTAND

Zweitens erfährt man sie, indem man sie sowohl mit dem Verstand begreift als auch mit dem Herzen erkennt. Wir müssen lernen, richtig zu denken. Bei jeder Art von Liebe besteht die Gefahr, dass wir sofort in emotionalen Begriffen denken. Das verleitet uns zu der Annahme, dass die Entdeckung der Dimensionen der Liebe Christi tief in unserem Herzen stattfindet und sich ausschließlich durch veränderte Gefühle bemerkbar macht.

Aber so ist es nicht; wie bei jeder biblischen Wahrheit führt der Weg zu unserem Herzen über unseren Verstand.

Charles Simeon erklärte seiner Gemeinde:

> *»Um göttliche Erkenntnis zu erlangen, müssen wir Gottes Wort in Abhängigkeit von Gottes Geist studieren. Wir sollten uns also nicht anmaßen, etwas voneinander zu trennen, was aus Gottes Sicht zusammengehört.«*[17]

Einige von uns neigen dazu, alles nur fühlen zu wollen; andere hingegen wollen alles selbst erforschen. Es lohnt sich, sich selbst (oder jemanden, der einen gut kennt) zu fragen: »Lasse ich mich mehr von meinen Gedanken oder meinen Gefühlen leiten? Erreichen mich Wahrheiten nur im Intellekt, ohne mein Herz zu berühren, oder nehmen sie den kürzeren Weg zu meinem Herzen, ohne meinen Verstand zu berühren?« Die Bibel spricht sowohl unsere Gedanken als auch unsere Gefühle an, und wir werden nur eine dürftige Erfahrung der Liebe Christi machen, wenn sie nicht sowohl die Gedanken anspricht als auch die Gefühle anregt. Bete dafür, dass dein Kopf begreift, wie sehr Christus dich liebt. Und bete dafür, dass auch dein Herz ergriffen wird und erkennt, wie sehr Christus dich liebt.

GRENZENLOSE LIEBE

Drittens: Die Liebe Christi ist erstaunlich umfassend. Wir sind es gewohnt, räumliche Objekte in drei Dimensionen zu messen. Paulus kommt auf vier – die Breite und die Länge und die Höhe und die Tiefe. Vielleicht will er uns zeigen, dass diese Liebe so groß ist, dass sie unsere üblichen Maßstäbe und Messmethoden übersteigt.

Man kann unzählige Erklärungen dafür finden, was Paulus mit »Breite und Länge und Höhe und Tiefe« gemeint hat. Wir sollten uns aber nicht mit etwas verzetteln, was wir nicht sicher wissen können. Es wäre jedoch interessant, eine Weile darüber nachzudenken. Matthew

Henry schrieb im 17. Jahrhundert in seinem *Kommentar zur ganzen Bibel* über diese Verse:

> *»Indem der Apostel diese Dimensionen aufzählt, will er die überragende Größe der Liebe Christi zeigen: den unergründlichen Reichtum seiner Liebe, die höher ist als der Himmel, tiefer als die Hölle, länger als die Erde und breiter als das Meer.«*[18]

Und John Stott bemerkte dazu:

> *»Dennoch scheint es mir gerechtfertigt, zu sagen, dass die Liebe Christi ›breit‹ genug ist, um die ganze Menschheit zu umfassen, … ›lang‹ genug, um alle Ewigkeit lang zu dauern, ›tief‹ genug, um den verkommensten Sünder zu erreichen, und ›hoch‹ genug, um ihn in den Himmel zu heben.«*[19]

Aber am hilfreichsten ist vielleicht das, woran uns Paulus in Philipper 2,5–11 erinnert:

> *»Christus Jesus, … der in göttlicher Gestalt war, hielt es nicht für einen Raub, Gott gleich zu sein, sondern entäußerte sich selbst und nahm Knechtsgestalt an, ward den Menschen gleich und der Erscheinung nach als Mensch erkannt.*

> *Er erniedrigte sich selbst und ward gehorsam bis zum Tode, ja zum Tode am Kreuz. Darum hat ihn auch Gott erhöht und hat ihm den Namen gegeben, der über alle Namen ist, dass in dem Namen Jesu sich beugen sollen aller derer Knie, die im Himmel und auf Erden und unter der Erde sind, und alle Zungen bekennen sollen, dass Jesus Christus der Herr ist, zur Ehre Gottes, des Vaters.«*

Die Liebe Christi können wir ermessen, indem wir die Tiefe betrachten, in die er gegangen ist, um unser Heil zu sichern, und die Höhe, in die er dann erhoben wurde.

Aber wie auch immer wir versuchen, die Liebe Christi besser zu begreifen, das Wichtigste und Einfachste bleibt ganz klar: Seine Liebe ist grenzenlos, in jeder Hinsicht.

DAS UNBEGREIFLICHE BEGREIFEN

Deshalb geht es bei der Erkenntnis der Liebe Christi darum, das Unfassbare zu erfassen. Paulus betet, dass die Epheser »die Liebe Christi erkennen können, die alle Erkenntnis übertrifft«. Ist das nicht paradox? Wie kann man etwas begreifen, das eigentlich unbegreiflich ist? Unser verstandes- und gefühlsmäßiges Wissen um die Liebe Christi ist ein Erfahrungswissen, aber es kann niemals allumfassend sein. Wir können keine erschöpfende Kenntnis über die Liebe Christi gewinnen. Es gibt Dimensionen seiner Liebe, die wir nie erfassen werden, auch wenn wir mehr und mehr erkennen, wie groß sie ist.

Ich bin so dankbar für die Verfasser von Kirchenliedern, denen es gelingt, theologische Wahrheiten in Verse zu fassen, die man sich leicht merken und über die man gut nachsinnen kann. Dies ist das beste Lied, das ich gefunden habe, um darüber nachzudenken, was es bedeutet, »die Liebe Christi zu erkennen, die alle Erkenntnis übertrifft«:

»Sie übersteigt die Erkenntnis, deine Liebe,
mein Heiland, Jesus; doch meine Seele
möchte von deiner Liebe
in all ihrer Breite und Länge,
ihrer Höhe und Tiefe, ihrer ewigen Kraft,
mehr und mehr erkennen.

Sie ist unaussprechlich, deine wunder-
bare Liebe,
mein Heiland Jesus,
und doch würden meine Lippen
gern den Sündern, nah und fern,
eine Liebe verkünden,
die alle schuldige Furcht nehmen kann,
und Liebe bezeugen.

Nicht genug zu rühmen ist deine Liebe,
mein Heiland, Jesus, doch mein Herz
will singen von dieser Liebe,
die so reich und frei ist,
die einen rebellischen Sünder wie mich
Gott nahe bringt.

Doch auch wenn ich weder besingen noch
erzählen oder erkennen kann
die Fülle deiner Liebe,
solange ich hier auf Erden bin,
so kann ich doch mein leeres Gefäß bringen;
O du, der du
die lebendige Quelle der Liebe bist,
fülle mein Gefäß.

Herr Jesus, wenn ich dich von Angesicht zu
Angesicht sehe,
wenn ich mit dir
auf deinem erhabenen Thron sitze –
Von deiner Liebe, in all ihrer Breite und Länge,
ihrer Höhe und Tiefe, ihrer ewigen Kraft,
wird dann meine Seele singen.«[20]

Darin besteht das Leben, für das Paulus betet, und für das auch wir beten können und sollen. Du genießt die Versorgung Gottes und seine Liebe, die durch den Heiligen Geist in dein Herz ausgegossen ist. Du hast Beweise und

Anzeichen dafür, du siehst sie im Leben anderer Menschen, aber das ist bei Weitem nicht alles. Selbst wenn du dich an dieser göttlichen Liebe erfreust, wirst du sie nie genau beschreiben oder richtig erklären können.

DIE FÜLLE GOTTES

Wir können die Liebe Christi nicht ermessen. Aber wir können ihre Auswirkungen sehen. Paulus betet für die Christen in Ephesus, dass »ihr ... auch die Liebe Christi erkennen könnt, die alle Erkenntnis übertrifft, damit ihr erfüllt werdet, bis ihr die ganze Fülle Gottes erlangt« (Eph 3,19).

Das bedeutet nicht, dass wir göttlich werden, sondern dass wir Nutznießer all dessen werden, was Gott uns in Jesus versprochen hat.

In seinem Klassiker *Gott erkennen* verknüpft J. I. Packer den Gedanken an »die ganze Fülle Gottes« mit Epheser 1, wo Paulus davon spricht, dass wir von Gott adoptiert worden sind: »Denn in ihm hat er uns erwählt, ehe der Welt Grund gelegt war, dass wir heilig und untadelig vor ihm sein sollten in der Liebe; er hat uns dazu vorherbestimmt, seine Kinder zu sein durch Jesus Christus nach dem Wohlgefallen seines Willens« (Eph 1,4–5). Es lohnt sich, Packer ausführlich zu zitieren:

> *»Die Adoption ist ihrem Wesen nach ein Akt freier Gnade gegenüber dem Adoptierten. Wenn du*

ein Kind adoptierst, dann tust du das aus freien Stücken und nicht, weil du dazu verpflichtet bist. Ebenso nimmt Gott uns an, weil Er sich dazu entschlossen hat. Er ist nicht verpflichtet, dies zu tun. Im Gegenteil – eigentlich haben wir nichts anderes verdient, als dass Er uns wegen unserer Sünden verurteilt. Doch weil Er uns geliebt hat, hat Er uns erlöst, uns vergeben, uns als seine Söhne und Töchter angenommen und ist unser Vater geworden.

Aber seine Gnade endet nicht mit diesem ersten Schritt, ebenso wenig wie die Liebe irdischer Eltern mit dem rechtlichen Adoptionsakt, der das Kind zu dem ihren macht, ihren Abschluss findet. Dass das adoptierte Kind als Mitglied der Familie aufgenommen wird, ist ja nur der Anfang. Nun kommt es darauf an, eine echte Eltern-Kind-Beziehung zwischen deinem Adoptivkind und dir selbst aufzubauen. Das ist das Entscheidende. Du wirst doch auch darauf bedacht sein, die Liebe des Kindes zu wecken, indem du das Kind liebst. Man versucht die Zuneigung des Kindes zu gewinnen, indem man ihm Zuneigung erweist. Ebenso ist es bei Gott. Während unseres ganzen Erdenlebens und bis in alle Ewigkeit wird Er uns auf die eine oder andere Weise immer mehr seine Liebe erweisen, und

> *dadurch wächst auch unsere Liebe zu Ihm kontinuierlich. Die Perspektive der Adoptivkinder Gottes ist eine Ewigkeit voller Liebe.«*[21]

Das ist absolut erstaunlich. Christen sind vollständig, endgültig und unwiderruflich von Gott, dem Vater, adoptiert! Und wir werden unser ganzes Leben und die gesamte Ewigkeit damit verbringen, die Herrlichkeit dieser Kindesbeziehung zu unserem Schöpfer zu entfalten und zu entdecken. Die Adoption ist kein Selbstzweck – sie ist erst der Anfang.

Einige von uns sind von ihren Vätern im Stich gelassen worden. Manche von uns verbinden den Gedanken an einen Vater nur mit Enttäuschung oder Schmerz. Aber Gott ist völlig anders als unsere irdischen Väter – er ist der himmlische Vater. Selbst die schönsten Momente mit den besten irdischen Vätern sind nur eine flüchtige Ahnung dessen, was dieser himmlische Vater für uns ist. Er wird uns seine Liebe nie entziehen. Er wird uns nie im Dunkeln allein lassen. Er wird nie vergessen, was wir ihm gesagt haben oder was er uns versprochen hat. Er wird keine Fehler machen. Er wird uns nie fallen lassen, auch wenn sich alle anderen von uns abwenden und unabhängig davon, wie sehr wir ihn enttäuschen. Wir alle haben seine Geduld auf eine harte Probe gestellt. Und doch kommt er immer wieder und ruft: »Meine Tochter. Mein Sohn. Du bist mein Kind. Ich habe es vorherbestimmt, dich in meine Familie aufzunehmen. Ich habe dich geschaffen. Ich habe dich gesucht. Ich habe dich erkauft. Ich liebe dich. Ich bin bei dir.«

Es gibt für dich nichts Größeres zu wissen, zu hören oder zu erfahren, als dass dieser Gott dein Vater ist und du sein Kind. Dass du sagen kannst: Ich gehöre zu ihm und werde von ihm geliebt. Dass du wissen kannst: Ich kann zu ihm kommen und zu ihm beten.

Und so erfahren wir die »Fülle Gottes«. Wir erleben nicht immer mehr »Fülle« durch eine mystische Erfahrung oder ein angeblich lebensveränderndes geistliches Ritual. Ich weiß nicht mehr, wie oft Menschen mir ihre Hilfe angetragen haben, indem sie mir suggerierten, ich bräuchte irgendeine innere Explosion, ein einziges, endgültiges Ereignis: »Wenn du nur dies mit dir geschehen lassen würdest ... Wenn du nur das mit dir machen lassen würdest ... Wenn du nur am Ende des Gottesdienstes nach vorne kommen würdest, damit der Pastor dich berührt ...« Wenn mir so etwas angeboten wurde, ließ ich mich darauf ein, weil ich es wollte. Ich wollte wissen, was es heißt, »die Fülle Gottes zu erlangen«. Willst du das nicht auch?

Aber je mehr ich in meiner Bibel lese, desto klarer wird mir, dass ich keine innere Explosion brauche, sondern innere Gemeinschaft mit Gott. Ich brauche den Geist Gottes, der mir durch das Wort Gottes inmitten des Volkes Gottes zuteilwird, um mir die Vaterschaft Gottes und die Liebe seines Sohnes immer kostbarer zu machen. Auf diese Weise kann »Christus durch den

Glauben in euren Herzen wohnen« (Eph 3,17) – und so könnt ihr die unfassbare Liebe erkennen und mehr »Gottesfülle« erfahren.

Es geht hier um Intimität – nicht um etwas rein Gedankliches oder Mechanisches. Es ist das Werk des Heiligen Geistes, der uns zu einer immer tieferen Begegnung mit Gott führt, uns darüber staunen lässt, dass wir Gottes Kinder durch Adoption sind, uns dazu bringt, Gott als unseren Vater zu sehen und uns befähigt, als Kinder dieses Vaters zu leben.

GOTTES UMARMUNG

Ich erinnere mich, wie ich einmal in London die Tottenham Court Road hinunterging, in einer riesigen Menschenmenge mitten im Zentrum der Stadt. Und auf eine Art und Weise, für die ich keine Erklärung habe, war mir so, als würde Gott mich hochheben, umarmen und dann wieder auf der Tottenham Court Road absetzen. Später erzählte ich meinem schwarzen Freund Joel davon, der zu einer Pfingstgemeinde gehört: »Weißt du was – ich war auf der Tottenham Court Road, und Gott hat mich dort umarmt.« Ich werde seine Reaktion nie vergessen. Er lachte und sagte: »Das solltest du dir merken, denn so was tut er nicht oft.«

Darin liegt nicht der Schlüssel zur Fülle. Solch ein Erlebnis ist wunderbar, aber es ist nicht der Schlüssel. Sonst würden wir alle regelmäßig zur Tottenham Court

Road gehen und sagen: »Gott, könntest du mich auch so umarmen wie Alistair Begg?« Nein – Gott ist dein Vater. Sein Geist lebt in dir. Sein Sohn liebt dich mehr, als du jemals wissen kannst. Es geht um eine Beziehung. Vielleicht wird er dich umarmen. Manchmal wird er dich zurechtweisen. Oft wird er durch sein Wort zu dir sprechen. Er wird dir stets geben, was du brauchst, denn er ist Gott und er ist dein Vater. Er wird dich immer lieben. Und so stimmen wir in die Worte des Liedes von Frances R. Havergal ein:

»Füll mich mit deiner Fülle, Herr,
damit mein Leben überfließt,
und ungehemmt dein Geistesstrom
sich über dürre Herzen gießt.«[22]

Das sollen wir Tag für Tag erleben und genießen. Dafür sollen wir täglich beten – für uns selbst, und für unsere Brüder und Schwestern in der Gemeinde. Paulus wollte, dass seine Freunde die unermessliche Liebe Christi und die intime väterliche Nähe Gottes erfahren. Weißt du, wie sehr du geliebt wirst? Diese Liebe ist zu groß, um sie vollständig zu begreifen – aber sie ist nicht zu wunderbar, um sie zu erfahren.

»Vater, bitte gieß den Geist in verstärktem Maße über uns aus. Bewahre uns davor, in den Untiefen einer begrenzten Sichtweise und eines be-

grenzten Verständnisses herumzuirren, und lass uns im Ozean deiner unvergleichlichen Liebe versinken. Herr, vergib mir mein geringes Verständnis für deine unermessliche Großzügigkeit und gewähre, dass jeder Gedanke an deine väterliche Fürsorge meine Liebe zu deinem Sohn Jesus vertieft und dann überfließt, damit auch andere von deiner Umarmung erfasst werden. Um Jesu willen, in dessen Namen ich bete. Amen.«

FRAGEN ZUR VERTIEFUNG

1

Denk an jemanden, der für dich die Liebe Christi widerspiegelt. Was bewunderst du an ihm oder ihr am meisten?

2

Fühlst du dich manchmal nicht liebenswert? Wie kannst du dir ins Gedächtnis rufen, dass Gott dich liebt? Wie verändert dies die Art und Weise, wie du betest?

3

Bist du ein aktives Mitglied einer Kirchengemeinde? Denkst du, dass wir die Liebe Jesu am stärksten in der Gemeinde erfahren? Wenn nicht, welchen Beitrag kannst du zur Veränderung leisten?

4

Wie könnten sich deine Erfahrungen mit deinem irdischen Vater darauf auswirken, wie du Gott als deinen himmlischen Vater erlebst? Ist Gott anders? Wenn ja, auf welche Art und Weise?

5

Lies Philipper 2,5–11. Inwiefern stellt Jesu Liebe deinen Lebensstil infrage?

123
45
678

KANN ALL DAS WIRKLICH GESCHEHEN?

Wenn ich deine Gedanken bis hierher erraten könnte, dann lauten einige davon vermutlich wie folgt:

»Das klingt großartig. Aber es ist weit weg von dem, was ich erlebe. Wie um alles in der Welt soll das in meinem Leben Realität werden?«

Wie könntest du das richtige Verständnis davon gewinnen, wie Gottes Macht in dir wirkt? Wie könntest du deinen Blick auf Christus und die Ewigkeit gerichtet halten? Wie könntest du Gott auf eine so intime Weise erfahren? Wie könntest du seine ganze Fülle empfangen? Wie könnten deine Gemeindegeschwister all das erleben?

Wir werden nicht mutiger und besser beten, wenn wir anfangen, der Stimme Glauben zu schenken, die bezweifelt, dass irgendetwas davon wirklich geschehen kann und dass Gebet tatsächlich etwas bewirkt.

Also – kannst du das alles bewirken? Kannst du besser werden? Die Antwort lautet in beiden Fällen: Du kannst es nicht. Und ich kann es auch nicht.

Aber das ist noch nicht die ganze Antwort: Durch das Wirken des Heiligen Geistes kannst du dich verändern, da der Geist, der mit Gott dem Vater und Gott dem Sohn gleichrangig und gleich ewig ist, dich »mit Kraft … an dem inneren Menschen« stärken will (Eph 3,16 SLT). Der Christ verändert sich in dem Maße, in dem er durch den Geist die Wahrheit über Gott erkennt und diese in seinem Leben verwirklicht.

Wenn wir das wissen und darauf vertrauen, wird uns das effektiver zu mutigeren und besseren Gebeten führen, als neue Vorsätze oder neue Routinen das je könnten.

Wir müssen die Kraft des Geistes kennen.

DER BEWEIS IM SPIEGEL

Wenn du Christ bist, brauchst du nur in den Spiegel zu schauen, um einen lebendigen Beweis für die Kraft des Geistes zu sehen. Es war das Werk des Heiligen Geistes, die Person, die dir entgegenblickt, von ihren Sünden zu überführen. Viele von uns dachten, dass wir zwar einige Probleme in unserem Leben hätten, diese aber (vor allem im Vergleich mit anderen Menschen, die wir kennen) nicht wirklich schlimm seien. Die meisten von uns waren der Meinung, wir kämen ganz gut dabei weg, wenn Gott uns nach diesem Maßstab bewerten würde.

Doch auf einmal begannen wir, uns in einem anderen Licht zu sehen. Wir fingen an, in der Bibel zu lesen, und stellten fest, dass sie uns besser zu verstehen schien als wir selbst. Und wir fanden keine menschlichen Worte dafür, wie die Bibel zu uns zu sprechen begann. Es war, als ob sie uns diagnostizieren und sagen würde: »Erkennst du dich selbst darin?«

Als die Bibel uns sagte, »sie sind allesamt Sünder und ermangeln des Ruhmes, den sie vor Gott haben sollen« (Röm 3,23), wehrten wir uns nicht und wandten uns auch nicht von ihr ab, sondern gaben zu: »Das gilt für mich.« (Vorher hätten wir vielleicht gesagt: »Das gilt für *die anderen*.«) Das ist das Werk des Heiligen Geistes. Das ist die Kraft des Heiligen Geistes.

Und als wir erkannten, dass wir tatsächlich Sünder sind und Hilfe brauchen, wie kam es dann, dass wir davon überzeugt waren, dass Jesus der Retter war, den wir so dringend brauchten – dass wir nichts tun konnten, er aber alles für uns getan hatte? Es geschah durch denselben Heiligen Geist, der uns sagte: Du brauchst dich nicht selbst zu verbessern oder einfach nur ein neues Kapitel aufzuschlagen – was du brauchst, ist eine lebensverändernde Begegnung mit dem lebendigen Gott als deinem Herrn und Heiland.

Das war alles das Werk und die Kraft des Heiligen Geistes, und nicht deines oder meines. So drückte es der Hymnenschreiber Daniel Webster Whittle im 19. Jahrhundert aus:

»Ich weiß nicht, wie der heil'ge Geist
mich Sünder überzeugt,
wie Jesum er in mir verklärt
und alle Not verscheucht.«[23]

All das ist wundersam und geheimnisvoll. Und das Wirken des Geistes hört nicht mit der Bekehrung auf – das ist nur der Anfang. Der »verheißene Heilige Geist« ist nicht nur »das Unterpfand unseres Erbes ... bis zur Erlösung des Eigentums« (Eph 1,13–14), sondern auch die Garantie für unsere ständige Verwandlung, bis wir einmal dieses Erbe erhalten. Es ist also das fortwährende Wirken Gottes, des Heiligen Geistes, durch das möglich ist, wofür Paulus für die Gläubigen – dich und mich – betet.

Und weil das möglich ist, lohnt es sich, darum zu beten.

»BLENDENDE BILDER«

Wenn wir und unsere Gemeinden die Liebe Gottes begreifen und unsere Herzen ein Zuhause für Christus werden sollen, wenn wir die im Evangelium gegebene Hoffnung und Kraft ausleben sollen, dann brauchen wir den Geist, um unsere Neigung zur Ablenkung zu überwinden.

Wenn es dir geht wie mir, kann es einen Tag, zwei Tage, drei Tage, eine Woche oder einen Monat dauern, bis du plötzlich merkst, dass du vom Kurs abgekommen bist, dich vom Evangelium entfernt hast und Jesus gegenüber kalt geworden bist. Ein anderer viktorianischer Hymnenschreiber, John Ernest Bode, fand dafür folgende Worte in seinem Lied »O Jesus, I Have Promised«:

»Ich sehe blendende Bilder
und höre verlockende Klänge.«[24]

Diese Bilder ziehen unseren Blick an und diese Klänge rühren an unser Ohr. Wie können wir weiterhin auf Jesus schauen und auf ihn hören? Nicht indem jemand wie ich zu dir sagt: »Du musst aufhören, woanders hinzuschauen. Guck nicht hin. Hör nicht zu. Entscheide dich einfach, damit aufzuhören.« Das ist eine gute Sache, aber es wird nicht sehr lange helfen. Früher oder später wirst du wieder zurückblicken.

Nein – wir werden erst wirklich frei, wenn wir den unermesslichen Reichtum der Gnade und der Herrlichkeit Gottes in Christus verstehen. Dann sind wir davon so gefesselt, dass diese Bilder uns nicht mehr so grell blenden und diese Klänge nicht mehr so verführerisch für uns sind. Stell dir einen jungen Mann vor, der sich in ein Mädchen verliebt. Sie erobert sein Herz. Er liebt sie leidenschaftlich. Er schreibt ihr (zu meiner Zeit schrieb man sich noch Briefe) und wartet atemlos auf ihre Antwort. Er zählt die Tage und Stunden, bis er sie wiedersehen kann. Für ihn bräuchte es keine anderen Mädchen mehr auf der Welt. Die anderen, die ihm einst den Kopf verdrehten, lassen ihn gleichgültig. Die Blicke, das Lächeln und die freundlichen Worte, die ihn einst zu einer anderen hingezogen hätten, erreichen ihn nicht mehr. Nicht weil er mit irgendetwas aufgehört hätte, sondern weil er begonnen hat, jemanden zu lieben.

So ist es auch bei uns:

»Ich sehe blendende Bilder
und höre verlockende Klänge;
ach, Jesus, komm doch näher,
und schütze meine Seele vor der Sünde.«[25]

Ich dachte früher, der Anblick der Sünde würde mich nur als Teenager oder jungen Mann blenden. Aber er tut es immer noch. Was brauche ich, um widerstehen zu können? Wie bekomme ich es? Ich muss Jesus in seiner Herrlichkeit sehen – und das ist das Werk des Heiligen Geistes. Er kann in uns wirken, dass wir uns nicht ablenken lassen und stattdessen von unserem Herrn bezaubert werden.

Manche von uns haben weniger das Problem der Ablenkung, sind dafür aber entmutigt und niedergeschlagen. Vielleicht fühlst du dich auch schwach und überwältigt. Was brauchst du dann am meisten? Vor allem brauchst du die herrlichen Reichtümer Gottes – seine Liebe, seine Hoffnung, seinen Frieden –, die uns durch die Kraft des Heiligen Geistes zuteilwerden.

Dasselbe gilt für diejenigen unter uns, die Zweifel haben. Sie können förmlich aus dem Nichts auftauchen. Was hilft dagegen? Nicht unbedingt ein Buch über Apologetik, sondern das Wirken von Gottes Geist. Und was ist mit den teuflischen Gedanken, die uns zufliegen können – seltsame, bizarre und schreckliche Gedanken –, während wir singen oder beten oder einfach nur unserem Tagwerk nachgehen? Was kann diese vertreiben? Es ist Gottes Heiliger Geist, der uns auf die Schönheit und Freundlichkeit Jesu hinweist.

DEINE GEISTLICHE MITTE

Kannst du erkennen, wie sehr sich all dies von der gefälschten Vorstellung vom Christentum unterscheidet, bei der es nur um eine äußerliche religiöse Anstrengung geht und für die wir uns bloß Verhaltensweisen aneignen, von denen wir glauben, dass sie uns vor Gott annehmbar machen und andere beeindrucken? Das ist eine Sackgasse, denn damit verlassen wir uns auf unsere eigenen Anstrengungen – auf die eigene Kraft, Veränderungen in unserem Leben zu bewirken. Das ist kein Christsein. Echtes Christsein beruht auf dem Wirken des Heiligen Geistes, der dich ruft, bekehrt und verändert. Das beginnt nicht äußerlich, sondern innerlich im Herzen – oder, wie Paulus es ausdrückt, »an dem inwendigen Menschen« (Eph 3,16).

Hier geht es um dein innerstes Wesen – deine Mitte, dein Herz. Im Grunde spricht Paulus auf geistliche Weise über etwas, was in der körperlichen Ertüchtigung zum allgemeinen Sprachgebrauch geworden ist. Bei der Fitness und der Sporttechnik kommt es auf die Mitte an. Eine starke Körpermitte ist der Grund, warum Spitzengolfer den Ball so weit schlagen können. Es geht nicht um ihren Bizeps, sondern um ihre Körpermitte. Und Paulus sagt, dass dasselbe auch für den geistlichen Bereich gilt: Es ist unsere Mitte, an der Gott interessiert ist und an der er arbeitet, weil sie die Grundlage für alles ist, was du bist und tust. Es ist der Teil von dir, der den Menschen verborgen ist – dein wahres Ich. Das bist du allein, du in deinem Schlafzimmer, du in deinem Auto, und der Teil von dir, der für immer bleibt.

Natürlich ist das äußere Selbst wichtig – unser Körper mit all seinen Funktionen und Fähigkeiten. Aber er ist nicht elementar oder gar das Wichtigste. Die westliche Kultur hingegen ist auf das äußere Selbst fixiert – wie ich aussehe, was ich habe, wo ich wohne, was ich tue, wie viel ich verdiene, wie bedeutend ich bin. Das ist ein Grund, warum unsere Kultur weder die Art von Veränderung verstehen kann, die der Heilige Geist bewirkt, noch das Ausmaß der göttlichen Kraft erkennen kann, die für eine solche Veränderung erforderlich ist – weil sie das Innere betrifft. Paulus will damit sagen, dass die Kraft des Geistes in unserem Inneren am Werk ist. Deshalb kann der Christ Paulus zustimmen, dass zwar unser äußerer Mensch verfällt (und in meinem Alter zeigt sich diese Wahrheit jeden Morgen, wenn ich versuche, aus dem Bett zu kommen), aber dass wir uns dennoch freuen, weil unser innerer Mensch erneuert wird (vgl. 2 Kor 4,16).

Deshalb muss der Tod dem Christen keine Angst machen. Wie es der große amerikanische Evangelist D. L. Moody laut seinen Biographen Paul Dwight Moody und Arthur Percy Fitt ausdrückte:

> *»Eines Tages werden Sie in den Zeitungen lesen, dass D. L. Moody aus East Northfield tot ist. Glauben Sie kein Wort davon! In diesem Augenblick werde ich lebendiger sein als jetzt.«*[26]

Er sprach über den inneren Menschen, sein wahres Selbst. Hier wirkt der Geist. Und obwohl sein Werk geistlich und tiefgründig ist, benutzt er Mittel, um sein Ziel zu erreichen, damit Christus durch den Glauben in unseren Herzen wohnt und wir mit der ganzen Fülle Gottes erfüllt werden. Die Mittel, die Gott zur Verwirklichung seiner Absichten benutzt, sind diese: Predigt, Gebet, Gemeinschaft und der rechte Gebrauch der Sakramente.

Ich treffe viele Menschen, die vom christlichen Leben enttäuscht sind und sich darüber beklagen, dass sie nichts von der Freude und der Begeisterung spüren, die die Bibel dem Christen in Aussicht stellt. Ich frage sie dann stets: »Hören Sie aufmerksam und erwartungsvoll gute biblische Predigten? Haben Sie Gemeinschaft mit anderen in Ihrer Gemeinde? Sind Sie getauft und kommen Sie zum Tisch des Herrn, um das Abendmahl bewusst und in der richtigen geistlichen Haltung einzunehmen? Beten Sie?«

Fast immer wird mindestens eine dieser Fragen mit Nein beantwortet. Die Wahrheit ist: Wenn wir die von Gott gewählten Mittel ablehnen, durch die der Geist wirkt, sollten wir nicht überrascht sein, wenn uns die stärkende Kraft fehlt, um die Paulus betet. Wenn wir Gottes Mittel vernachlässigen, erhalten wir auch nicht, was Gott uns zugedacht hat.

ER IST FÄHIG

Deshalb können wir nun verstehen, warum Paulus den Ephesern nicht sagt: »Ich werde euch nur predigen, denn wenn ihr motiviert genug seid, werdet ihr ein Leben in Frieden und Sicherheit, Liebe und Wachstum nach dem Evangelium genießen können.«

Nein – er sagt vielmehr: »Ich werde für euch beten, denn Gott ist fähig, euch diese Erfahrung zu schenken. Ich werde für euch beten, denn im Gebet spreche ich zu ›dem, der überschwänglich tun kann über alles hinaus, was wir bitten oder verstehen‹« (Eph 3,20).

Paulus steigert sich hier von Satz zu Satz, Ermutigung folgt auf Ermutigung. Gott ist fähig zu tun, worum wir bitten. Er ist fähig zu tun, worum wir bitten möchten, uns aber nicht recht getrauen. Er ist in der Lage, weit mehr zu tun, als wir überhaupt zu erbitten wagen. Es gibt nichts, worum wir bitten können oder möchten, wozu er nicht sagt: »Ich kann mehr als das.«

Verstehst du, was ich meine? Er ist fähig.

Gott ermutigt (und gebietet) uns also, zu ihm zu kommen und ihn um große Dinge zu bitten. Als ich über diesen Vers nachdachte, kam mir der Gedanke: »Ich glaube an den lebendigen Gott, der weit mehr tun kann als alles, was wir erbitten oder uns vorstellen können. Worum bitte ich Gott eigentlich? Bete ich mutig für mich und meine Gemeinde?« Wir sündigen, wenn wir Gottes Macht für begrenzt halten oder an seiner Bereitschaft zweifeln, seine Macht zu demonstrieren. Wenn wir nur für geringe Dinge beten, dann liegt der Verdacht nahe, dass wir einen kleinen Gott haben. Das ist aber nicht der Fall. Er kann unermesslich mehr tun, als wir es uns vorstellen können.

Also bitte ihn – wie Paulus es tat. Nicht um Gesundheit und Reichtum und Glück, als ob du, wenn du nur kräftig genug betest, ein Haus auf den Bahamas und einen Privatjet bekommen könntest. Nein, bitte ihn um größere Dinge: von seiner Fülle erfüllt zu werden, die unfassbare Liebe Christi zu erfassen und zuerst nach den Schätzen deines zukünftigen Erbes zu trachten. Und bitte um diese Dinge auch für die Christen, die du kennst – diejenigen, die dich ermutigen, und diejenigen, die deine Geduld auf die Probe stellen und dich geistlich entmutigen. Wenn Gott in der Lage ist, dich zu verändern, dann kann er das auch bei ihnen tun!

Wie soll all das geschehen, wofür Paulus betet und wofür wir nach Gottes Willen beten sollen? Durch die Kraft, die in uns wirkt. Nicht durch unsere, sondern seine. Und er ist fähig. Bete so, als ob das wahr ist.

> *»Vater im Himmel, ich danke dir für die Gabe des Gebets. Auch wenn mir manche Dinge ein Rätsel sind, so weiß ich doch, dass sie ein Muss sind, und ich übe dieses Privileg im vollen Vertrauen auf deine Fähigkeit und Bereitschaft aus, weit mehr zu tun, als ich mir je vorstellen oder erahnen kann. Hilf mir, um deiner Herrlichkeit willen und durch deine unvergleichliche Kraft um große Dinge zu bitten. Befähige mich, mutig zu beten. Um Jesu willen. Amen.«*

FRAGEN ZUR VERTIEFUNG

1

Welche Umstände bringen dich dazu, an Gottes Macht zu zweifeln? Gibt es Bereiche in deinem Leben, wo du deine Hoffnung und deine Sicherheit auf etwas anderes setzt als auf Jesus?

2

Wie können wir immer besser verstehen, was der Autor »den unermesslichen Reichtum der Gnade und der Herrlichkeit Gottes in Christus« nennt?

3

Notiere deine dringendsten Gebetsanliegen. Zweifelst du in deinen Gebeten an Gottes Macht oder seiner Bereitschaft, sie zu erhören?

4

Was ist das größte Anliegen, um das du Gott jemals gebeten hast? Denk darüber nach, inwiefern sich dein Verständnis von »mutigen« Gebeten nach dem Lesen dieses Kapitels ändern könnte.

EPILOG: BETEN – FÜR WEN?

Jetzt, wo wir zum Ende dieses kurzen Buches kommen, lass mich dich noch fragen, für wen du betest.

Aus meiner Sicht sollten wir drei Arten von Menschen vor Augen haben, wenn wir im Geist auf die Knie gehen und sagen: »Liebster Vater, …«

FÜR MEIN WOHL

Es ist offensichtlich (und passiert sicher auch ganz natürlich): Wir beten zuallererst für uns selbst. Wir sollen für uns selbst beten. Wir haben es nötig, für uns selbst zu beten, denn wir Menschen sind abhängige Wesen. Der Herr Jesus selbst betete, um für das zu danken, was sein Vater für ihn, in ihm und durch ihn getan hatte:

> *»Jesus … hob seine Augen auf zum Himmel und sprach: Vater, die Stunde ist gekommen: Verherrliche deinen Sohn, auf dass der Sohn dich verherrliche; so wie du ihm Macht gegeben hast über alle Menschen, auf dass er ihnen alles gebe, was du ihm gegeben hast: das ewige Leben. Das ist aber das ewige Leben, dass sie dich, der du allein wahrer Gott bist, und den du gesandt hast, Jesus Christus, erkennen. Ich habe dich verherrlicht auf Erden und das Werk vollendet, das du mir gegeben hast, damit ich es tue. Und nun, Vater, verherrliche du mich bei dir mit der Herrlichkeit, die ich bei dir hatte, ehe die Welt war.« (Joh 17,1–5)*

Und Jesus bat Gott auch, etwas für ihn zu tun:

> *»Und er riss sich von ihnen los, etwa einen Steinwurf weit, und kniete nieder, betete und sprach: Vater, willst du, so nimm diesen Kelch von mir; doch nicht mein, sondern dein Wille geschehe! Es erschien ihm aber ein Engel vom Himmel und stärkte ihn. Und er geriet in Todesangst und betete heftiger. Und sein Schweiß wurde wie Blutstropfen, die auf die Erde fielen.« (Lk 22,41–44)*

Betest du für dich selbst? Nicht um Gesundheit und Reichtum, einen leichten Tag, eine Beförderung im Job oder Respekt von deinen Kindern, sondern um größere Dinge? Wie könnte sich dein Gebetsleben verändern, wenn du die Gebete für dein eigenes Herz, deinen Verstand, deine Lippen und Hände an den Überschriften dieses Buches ausrichten würdest?

FÜR DAS WOHL ANDERER

Zweitens können wir aus Paulus' Gebeten im Epheserbrief lernen, auf wen sie sich in erster Linie bezogen: die Menschen um ihn herum. Vergiss nicht, wo Paulus sich beim Verfassen dieses Briefes befand – in römischer Gefangenschaft. Es kann gut sein, dass er an einen Soldaten gekettet war; bestenfalls stand er unter einer Art Hausarrest und konnte nicht kommen und gehen, wie es ihm gefiel. Unsere Gebete zeigen, was unsere Prioritäten und Hauptsorgen sind. Wenn wir Paulus zuhören, erkennen wir, dass er sich auf diejenigen konzentriert, um die er sich sorgt und die er liebt – andere Menschen.

Paulus betet für die, die er kennt und liebt, die aber Christus und das ewige Leben in ihm nicht kennen und lieben. Von seinen jüdischen Verwandten und Landsleuten sagt er der römischen Gemeinde: »Brüder und Schwestern, meines Herzens Wunsch ist und ich flehe auch zu Gott für sie, dass sie gerettet werden« (Röm 10,1).

So wie sein Meister es für sein Volk tat und noch tut (vgl. Joh 17,9–11.15–16.24; Hebr 7,25), schüttet Paulus sein Herz vor Gott aus und bringt die Gläubigen, an die er schreibt, vor ihn. Trotz der Gefangenschaft ließ Paulus sich nicht vom Kampf um die Freiheit aufreiben, und auch seine Gebete drehten sich nicht um die Freilassung. Während der Haft schrieb er seine Briefe an die Epheser, die Philipper, die Kolosser, die Galater und an Philemon. Und er betete (unablässig!) für die Gemeinden, an die er schrieb, und umgab sie mit seinen Gebeten. Er betete mutige, geistliche, ambitionierte Gebete für sie. Wenn seine Beine auch angekettet waren, so war sein Herz doch frei zum Gebet.

Das ist eine großartige Erinnerung für uns. Es ist immer gut, mehr für andere zu beten als für sich selbst. In unserer Selfie-besessenen Kultur erinnert uns Paulus durch seine Gebete daran, dass wir nicht der Mittelpunkt der Welt sind und dass unsere Bedürfnisse nicht unbedingt die wichtigsten in unseren Gemeinden sind. Es gibt niemanden, der deine Gebete nicht benötigen würde: Selbst der Apostel wusste, dass er die Gebete anderer Menschen brauchte, als er der Gemeinde in Ephesus sagte: »Betet allezeit mit allem Bitten und Flehen im Geist und wacht dazu mit aller Beharrlichkeit und Flehen für alle Heiligen und für mich, dass mir das Wort gegeben werde, wenn ich meinen Mund auftue, freimütig das Geheimnis des Evangeliums zu verkündigen« (Eph 6,18–19).

Paulus' Gefängnisgebete erinnern uns auch daran, dass wir immer beten können – auch in Zeiten, in denen wir nicht alles tun können, was wir gern tun würden, oder in denen wir nicht so dienen können wie früher. Im Gebet verbrachte Zeit ist nie verschwendete Zeit. Satan liebt es, so mit den Gläubigen zu sprechen: »Du weißt schon, dass deine besten Tage vorbei sind, oder? Du kannst keinen sinnvollen Beitrag mehr leisten.« Hör keinen Augenblick lang darauf. Du kannst immer beten. Wenn ein Mensch sich zum Glauben an Jesus Christus bekennt, wenn die Sache des Evangeliums vorangeht, wenn ein Gläubiger eine starke Veränderung erlebt, dann kannst du davon ausgehen, dass dies direkt mit den Gebeten des Volkes Gottes zusammenhängt. Von einem solchen Gebet sieht die Welt gewöhnlich nichts, aber es wird von Gott gesehen, es bereitet ihm Freude und wird eines Tages von ihm belohnt werden (vgl. Mt 6,6).

Wirst du für andere beten? Für ihre Errettung und Heiligung? Wie könnte sich dein Gebetsleben verändern, wenn du anhand der Überschriften dieses Buches für deine Familie, deine Gemeindegeschwister und deine Nachbarn beten würdest?

ZU SEINER EHRE

Derjenige, um den es am Ende von Paulus' Gebet in Epheser 3 geht, steht ebenfalls im Fokus unserer Gebete:

»Dem aber, der überschwänglich tun kann über alles hinaus, was wir bitten oder verstehen, nach der Kraft, die in uns wirkt, dem sei Ehre in der Gemeinde und in Christus Jesus durch alle Geschlechter von Ewigkeit zu Ewigkeit! Amen.« (Eph 3,20–21)

Wir beten in erster Linie zu Gottes Ehre. Paulus schließt sein Gebet mit einer Doxologie ab – einem theologisch begründeten Lobpreis Gottes. Er beendet sein Gebet mit der Bitte, dass Gott die ihm gebührende Ehre erhält. Er ist der Gott, der vollkommen, mächtig und unendlich und ewig lobenswert ist. Paulus bittet zwar Gott, all diese herrlichen Dinge für die Christen in Ephesus um ihretwillen zu tun, aber vor allem bittet er Gott, es um Gottes willen zu tun. Denn so wie Gottes Herrlichkeit »in Christus Jesus« war, ist und offenbart werden wird, so wird auch seine Herrlichkeit »in der Gemeinde« sichtbar.

Was heißt das? Es bedeutet, dass die mitteilbaren Attribute Gottes – die Charaktereigenschaften, die er auch in seinem Volk wachsen lässt – durch sein Volk sichtbar werden. Seine Liebe, seine Treue, sein Mitgefühl, seine Güte, seine Vergebung usw. können und sollen in der Gemeinde sichtbar werden, damit Männer und Frauen zu allen Zeiten der Herrlichkeit Gottes in der Gemeinde Jesu Christi begegnen. Gottes Herrlichkeit – seine unsichtbare Vollkommenheit – wird sichtbar in der Verwandlung, die er im Leben von gewöhnlichen, erlösten Männern und Frauen bewirkt.

Diese Herrlichkeit sollen andere Menschen spüren, wenn sie in eine Gemeinde kommen. Sie sollen sagen:

»Ich glaube, die Leute hier lieben die Menschen. Sie lieben mich wirklich. Das überrascht mich, denn normalerweise lehnen die Leute mich ab, aber das hier ist eine interessante Erfahrung für mich. Ich bin jetzt eine Weile hier gewesen und habe entdeckt, dass diese Leute barmherzig miteinander umgehen. Sie zeigen echtes Mitgefühl.

Außerdem habe ich auch festgestellt, dass sie nicht alle gleich sind. Sie kommen aus den verschiedensten Hintergründen. Sie haben nicht alle den gleichen Intelligenzquotienten. Sie haben auch unterschiedliche Hautfarben. Sie kommen nicht alle aus denselben Berufszweigen oder Gemeinden. Aber das scheint keine Rolle zu spielen. Im Gegenteil, sie freuen sich darüber.«

Wenn jemand das sagen kann, wird Gottes Herrlichkeit in seiner Gemeinde sichtbar. Als in Ephesus Juden- und Heidenchristen (die von Gott aus Kultur- und Gesellschaftskreisen berufen wurden, wo man andere hasste und dazu erzogen wurde, ihnen zutiefst zu misstrauen) zusammenkamen und sangen, aßen und beteten, zeigte sich Gottes Herrlichkeit: seine Macht, Veränderung zu bewirken, sein vollkommenes Mitgefühl und seine Liebe.

Wenn eine Gemeinde von Gottes Gnade ergriffen ist – wenn ihre Mitglieder die Augen ihres Herzens auf Jesus und die Ewigkeit richten, wenn schwierige Umstände ihre Hoffnung nicht erschüttern und ihnen der Reichtum der Gotteserkenntnis wichtiger ist als die flüchtigen Schätze dieser Welt, und wenn sie auf eine

Macht schauen, die größer ist als sie selbst und aus ihr heraus leben, dann wird die Herrlichkeit Gottes in der Braut offenbart, genau wie im Bräutigam. Wenn diese Gnade eine Gemeinde ergreift, dann wird die Welt darauf aufmerksam und sagt: »Das sollte man sich zumindest mal genauer anschauen.« Und dann sind wir in der Lage, ihnen zu sagen, dass dieser Herr Jesus Christus ein König ist, der für immer und ewig regieren wird.

So wird der Name Gottes gepriesen.

Daher lasst uns mutig beten wie Paulus. Wir beten für uns selbst, denn wir sind abhängige Geschöpfe und brauchen die Hilfe des Gottes, der tun kann, wozu wir nicht imstande sind. Wir beten für andere Menschen, weil sie unser Gebet am meisten brauchen. Und vor allem beten wir um Gottes willen: Dass der Gott, der uns schuf, für uns starb und auferstand, für uns herrscht und zu uns zurückkehren wird, in unserem Leben und in unseren Gemeinden verherrlicht wird.

> *»Dem aber, der überschwänglich tun kann über alles hinaus, was wir bitten oder verstehen, nach der Kraft, die in uns wirkt, dem sei Ehre in der Gemeinde und in Christus Jesus durch alle Geschlechter von Ewigkeit zu Ewigkeit! Amen.«*

FRAGEN ZUR VERTIEFUNG

1

Wie können wir für unser eigenes geistliches Wachstum beten?

2

Für wen betest du am häufigsten? Welche Bitten bringst du normalerweise vor Gott? Kannst du auch anhand der Kapitelüberschriften dieses Buches für diese Person beten?

3

Christen sollten dafür beten, dass Gottes Wesen in ihnen sichtbar wird. In welchen Bereichen deines Lebens könntest du mehr von Gottes Eigenschaften (Liebe, Treue, Mitgefühl, Güte, Vergebung usw.) widerspiegeln?

4

Lies noch einmal die letzten Absätze dieses Buches. Werden Besucher deiner Gemeinde so über dich sprechen? Wie kannst du deiner Gemeinde helfen, zu einer solchen Gemeinschaft zu werden?

ENDNOTEN

Gebet zeigt Abhängigkeit

1 Arthur C. Ainger, »God Is Working His Purpose Out«, 1894.

2 Henry Martyn, *Journals and Letters of the Rev. Henry Martyn, B. D.*, Bd. 1, Hrsg. S. Wilberforce, R. B. Seeley und W. Burnside, 1838.

3 Charles H. Spurgeon, *Ratschläge für Prediger: 22 Lektionen für die Verkündigung der Heiligen Schrift*, Betanien 2016, 5. Auflage 2022, S. 58.

4 Sam Walter Floss, »The Prayer of Cyrus Brown«, 1941.

5 Annie Lennox, »Oh God (Prayer)«, 2003.

Gebet ist geistlich (aber nicht unpraktisch)

6 Matthew Bridges, Godfrey Thring, »Krönt Jesus, unsern Herrn«, 1851, übers. v. Günter Balders.

Fokussiert beten

7 John Newton, »O Gnade Gottes, wunderbar«, 1779, übers. v. Anton Schulte.

8 Manfred Paul, Jack Stenekes, »Ich bin froh, dass ich weiß, Gottes Eigen zu sein«.

Um Hoffnung beten

9 Nach: *Das Allgemeine Gebetsbuch der Reformierten Episkopalkirche in Deutschland*, Schwarzenborn: REKD, 2014, S. 130–131.

10 Joe Queenan, *Balsamic Dreams: A Short But Self-Important History of the Baby Boomer Generation*, London: Picadore, 2022.

11 Richard Baxter, »Lord, It Belongs Not To My Care«, 1681.

Um Reichtum beten

12 Charles. H. Spurgeon, »Die Unveränderlichkeit Gottes«, online unter: https://www.glaubensstimme.de/doku.php?id=autoren:s:spurgeon:u:spurgeon-die_unveraenderlichkeit_gottes (Stand: 28.07.2024).

13 W. O. Cushing, »Wenn der Heiland, wenn der Heiland«, 1856, übers. v. Ernst Heinrich Gebhardt.

14 Eleanor Hull, »Herr aller Hoffnung«, 1912, übers. v. Wolfgang Müller.

Um Kraft beten

15 Herman Hoeksma, *The Doctrine of the Church, Kapitel III, The Attributes and Marks of the Church* (Fortsetzung) in *The Standard Bearer*, Bd. 40, 2. Aufl., 15. Oktober 1963.

16 Anna Laetitia Waring, »In Gottes Liebe ruhend«, online unter: https://www.liederindex.de/songs/6254 (Stand: 27.05.2024).

Um Liebe beten

17 Charles Simeon, *Helps to Composition, or, Five Hundred Skeletons of Sermons*, Bd. 1, John Burges, 1901, Seite 295.

18 Matthew Henry, *Kommentar zur ganzen Bibel*, online unter: https://www.bibliaplus.org/de/commentaries/19/mat

thew-henry-kommentar-zur-ganzen-bibel/epheser/3/14-21 (Stand: 14.06.2024).

19 John Stott, *Die Botschaft des Epheserbriefes: Kommentar und Gesprächsleitfaden*, Worms: pulsmedien, 2012, S. 142.

20 Mary Shekleton, »It Passes Knowledge, That Dear Love of Thine«, 1863.

21 J. I. Packer, *Gott erkennen*, Leun: Herold-Verlag, 2014, S. 259.

22 Frances R. Havergal, »O Teach Me, Lord, That I May Teach«, online unter: https://hymnary.org/hymn/RJ1906/page/165 (Stand: 27.05.2024).

Kann all das wirklich geschehen?

23 Daniel Webster Whittle, »I Know Not Why God's Wondrous Grace«, 1883, übers. v. Franz Friedrich.

24 John Ernest Bode, »O Jesus, I Have Promised«, 1869.

25 John Ernest Bode, »O Jesus, I Have Promised«, 1869.

26 Paul Dwight Moody und Arthur Percy Fitt, *The Shorter Life of D. L. Moody*, Bd. 1, The Bible Institute Colportage Associaton, 1900.